Schwimmtechnik im Kindertraining

Iris Komar

Schwimmtechnik im Kindertraining

Brustschwimmen

Meyer & Meyer Verlag

Die Deutsche Bibliothek – CIP-Einheitsaufnahme

Komar, Iris:
Schwimmtechnik im Kindertraining / Iris Komar.
– Aachen : Meyer und Meyer. Brustschwimmen. – 1996
(Reihe Die Schwimmbibliothek ; Bd. 6)
ISBN 3-89124-350-2
NE: GT

Fotos und Zeichnungen: François Cools, Olmen
Titelfoto: François Cools, Olmen
Umschlaggestaltung: Walter Neumann, N&N Design-Studio, Aachen
Umschlagbelichtung: frw, Reiner Wahlen, Aachen
Belichtung: Dagmar Schmitz, Typeline, Aachen
Satz: Dagmar Schmitz, Typeline, Aachen
Druck: Druckerei Queck, Jüchen
Printed in Germany
ISBN 3-89124-350-2

Inhaltsverzeichnis

Vorbemerkung

Bei einer Vielzahl von vorhandenen „neuen" Brustschwimmtechniken wird in diesem Band die Erarbeitung der traditionellen Ausbildung des Brustschwimmstils behandelt.

Für das Brustschwimmen, den Startsprung und die Wende mit dem dazugehörigen Tauchzug sowie die Lagenwende vom Rückenschwimmen zum Brustschwimmen sollte das Üben den höchsten Qualitätsansprüchen genügen und Schwimmbegeisterung und Lernfreude bei den Kindern fördern.

Einen Beitrag dazu liefert dieser 6. Band der „Schwimmtechnik im Kindertraining - Brustschwimmen".

Im theoretischen Teil werden die für die Praxis des schwimmtechnischen Lerntrainings wesentlichen pädagogischen und didaktischen Grundlagen angeboten, die zum Grundwissen erfolgreicher Trainer, Übungsleiter und Schwimmlehrer gehören.

Der Technikteil ist so aufgebaut, daß zur Vorbereitung und Durchführung des Schwimmtechnik-Lerntrainings die vorliegenden Bildausschnitte, Fotos, die Beschreibung der Technik des Bewegungsablaufs und die Lernprogramme verwendet werden können. Eine Vielzahl von Empfehlungen, Tips und trainingsbegleitenden Maßnahmen für das praktische Üben zur Technikstabilisierung werden zur Unterstützung einer qualifizierten Trainertätigkeit angeboten.

Das vorliegende Buch soll dazu beitragen, für schwimmbegeisterte und lerneifrige Kinder Grundlagen für die im Training geforderte, stabile und später variabel verfügbare Schwimmtechnik zu legen.

Iris Komar

1.

Theoretische Grundlagen – überarbeitet für die schwimmtechnische Praxis

Für die Herausbildung einer zweckmäßigen Schwimmtechnik mit dem jeweiligen Start und der Wende ist eine rationelle, effektive und durchdachte Gestaltung des motorischen Lernens Voraussetzung. Bei der schwimmtechnischen Ausbildung im Kindertraining sollten die Techniken den höchsten Qualitätsanspruch besitzen.

Im Kindertraining muß der Grundsatz gelten:

! ***Eine vielseitige, sportartgerichtete Ausbildung vorzunehmen und möglichst alle Sportschwimmarten mit einer effektiven Schwimmtechnik auszubilden.***

❒ Die Realisierung und ***Beherrschung einer wirkungsvollen Technik*** bezieht

konditionelle und ***koordinative Fähigkeiten*** sowie ***psychische*** und ***intellektuelle Eigenschaften*** des Sportlers ein.

Die **schwimmtechnischen Fertigkeiten** sind in ihrer Anwendung, in ihrer **Feinkoordination bis zu einer individuellen, variablen Verfügbarkeit zu entwickeln.**

❒ Die Techniken lassen sich im Sportschwimmen in *drei Gruppen* einteilen:

● ***Schwimmarten*** ● ***Starts*** **und** ● ***Wenden***

❒ Für die Gestaltung des schwimmtechnischen Lernprozesses gelten bestimmte, ausgewählte **pädagogisch-didaktische Prinzipien,**

● ***Bewußtheit*** ● ***Faßlichkeit*** **und** ● ***Anschaulichkeit,***

die beachtet und durchgesetzt werden müssen.

1.1 Zielstellung des Technik-Lerntrainings

Der schwimmtechnischen Vervollkommnung ist im langfristigen Leistungsaufbau ein besonderer Stellenwert beizumessen, da das Niveau der Höchstleistungen immer stärker von den Grundlagen technischer Bewegungsfertigkeiten abhängig ist, die bereits im Kindertraining geschaffen werden.

Der **Begriff Technik** bezieht sich auf die charakteristische Art und Weise der Bewegungsausführung, mit deren Hilfe der Schwimmer die sportliche Bewegungsaufgabe löst. Die Bewegungsaufgabe des Sportschwimmers lautet: ***„Zurücklegen einer im Wasser vorgegebenen Strecke in kürzester Zeit unter Berücksichtigung der Wettkampfbestimmungen.“*** (**Schramm, E.** 1987, S. 55)

Das **schwimmtechnische Lerntraining** ist im **Gesamtkonzept** des gesamten Kindertrainings **als Einheit von theoretischer und praktischer Ausbildung** vorzubereiten und durchzuführen.

❐ Beim Kindertraining sollten in den **Schwimmprogrammen** für die **technisch-koordinative Ausbildung Zwischenziele** aufgestellt werden, die von der **Endzielstellung des anzustrebenden Hochleistungstrainings abgeleitet sind.**

Die Erfüllung der Zwischenziele ist eine Voraussetzung der zunehmenden Belastbarkeit und Leistungssteigerung.

❒ Für die **sporttechnische Ausbildung im Wasser** gelten im ***langfristig planenden Leistungsaufbau*** folgende grundsätzliche ***Ansprüche***:

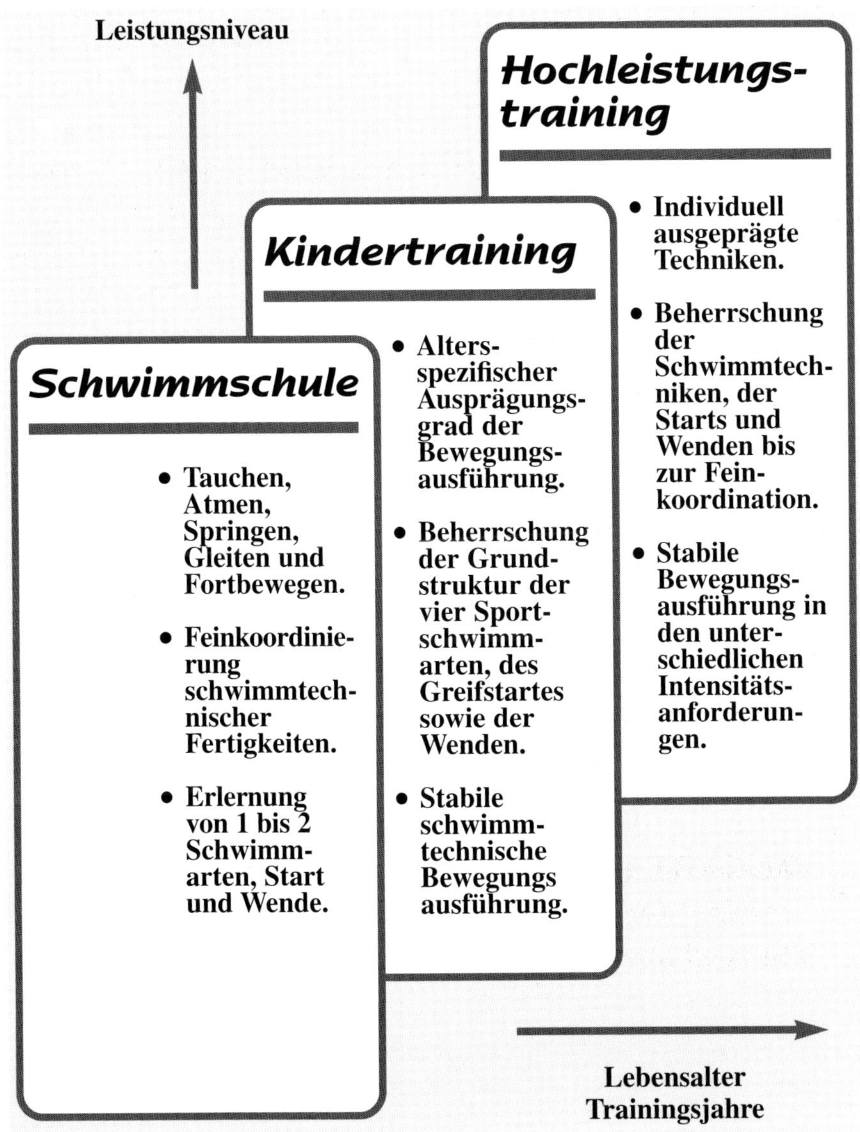

Abb. 1: Die Planung der schwimmtechnischen Ausbildung im langfristigen Leistungsaufbau (vgl. PFEIFER, H. 1985, S. 201, LEWIN, G. 1982, S. 39).

Grundorientierungen zum schwimmtechnischen Lerntraining

- Zur ***Herausbildung von zweckmäßigen Techniken*** ist eine ***effektive Gestaltung*** und ***konsequente Durchführung*** der sporttechnischen Ausbildung ***über den gesamten Zeitraum des Kindertrainings*** Voraussetzung.
- Die ***sporttechnisch-koordinative Ausbildung ist zielgerichtet zu planen*** und bereits im Kindertraining den ***wissenschaftlich begründeten, technischen Kennlinien*** sowie dem ***Alter und Leistungsniveau*** der Sportler entsprechend, zu einem ***hohen Niveau herauszubilden.***
- Von ***Anbeginn der schwimmsportlichen Ausbildung*** (beginnend in der Schwimmschule) sind die ***grundlegenden zweckmäßigen Technikmerkmale zu erarbeiten,*** da erfahrungsgemäß und bewiesen der Grundsatz gilt:

„Was Hänschen nicht lernt, lernt Hans nie mehr!"

Der Umlernprozeß ist schwieriger, zeitaufwendiger als das Neuerlernen der richtigen, sporttechnischen Bewegungsaufgabe.

- Zur ***Beurteilung des aktuellen Technikniveaus*** und des ***Entwicklungsstandes*** der Trainingsgruppe sind ***Technikkontrollen planmäßig durchzuführen und mit den Sportlern auszuwerten.*** Diese ***Videotechnik-Analyse*** sollte regelmäßig in 1-3 Monatsabständen verwirklicht werden.
- Abgeleitet vom Ergebnis der ***Video-Analyse*** und dem geplanten Etappenziel sind ***Technikmerkmale festzulegen,*** die über einen bestimmten Zeitraum zielgerichtet in der schwimmtechnischen Bewegungsaufgabe auszuprägen sind.
- Die ***Schwerpunkte*** der akzentuiert auszubildenden schwimmtechnischen Eigenschaften sind auf ***ein bis zwei Technikmerkmale zu begrenzen*** und sollten für mehrere Techniken übertragbar sein, um die Herausbildung eines Transfereffektes zu begünstigen.

Beachte:

Der Lernprozeß wird durch mehrere Technikanforderungen mit gleicher Aufgabenstellung beschleunigt und effektiver realisiert.

- Die zeitliche ***Dauer des akzentuierten Techniktrainings*** richtet sich nach der ***Kompliziertheit der technisch-koordinativen Bewegungsaufgabe*** und sollte mindestens eine Woche bis zu einen Monat im Lerntraining fixiert sein.

1.2 Komponenten der sporttechnischen Ausbildung

Zur Erhöhung der Qualität von anforderungsgerechter, wirkungsvoller Schwimmtechnik müssen die Voraussetzungen von

● ***Kondition und* ● *Koordination***

bei den Sportlern geschaffen, weiterentwickelt und vervollkommnet werden.

● Konditionelle Fähigkeiten

Konditionelle Fähigkeiten als elementare Voraussetzung der Vervollkommnung, Erhöhung und Stabilität der sporttechnischen Bewegungsfertigkeiten.

Die im Konditionstraining des Sportschwimmens im Kindertraining zu entwickelnden konditionellen Leistungsvoraussetzungen umfassen die der

● ***Kraft,* ● *Ausdauer und* ● *Schnelligkeit.***

● Bei der Entwicklung der Kraftfähigkeiten während des Kindertrainings sollte auf eine **VIELSEITIGE ENTWICKLUNG DER ALLGEMEINEN KRAFTFÄHIGKEITEN,** insbesondere der Kräftigung der Arm-, Rumpf-, Rücken- und Beinmuskulatur geachtet werden.

● Die für alle Disziplinen des Sportschwimmens notwendige **ENTWICKLUNG DER AUSDAUERFÄHIGKEIT,**

verstanden als ***Widerstandsfähigkeit des Organismus gegen Ermüdung bei vielseitigen sportlichen Anforderungen*** (**Thiess/ Schnabel,** 1985 S. 23), hat einen grundlegenden voraussetzenden Einfluß für den effektiven Einsatz der Kraft- und Schnelligkeitsfähigkeiten sowie für die Einhaltung des technisch-koordinativen Niveaus über den geforderten Belastungszeitraum.

☞ Für ein ***qualitätsgerechtes Techniktraining*** sind die Wahl der ***Streckenlänge, Auswahl und Anzahl der Serien*** entsprechend dem ***konditionellen, technisch-koordinativen Entwicklungsstand*** und die ***Dauer des Aufnahmevermögens*** (Konzentrationsfähigkeit) der Sportler abzustimmen. Das Lerntraining der Einzelbewegungen der Arme oder Beine sollte vorrangig absolviert werden über

● kurze Teilstrecken mit
● hoher Bewegungsintensität.

Die Länge der Trainingsteilstrecke wird vom Entwicklungsstand der Technik bestimmt. Die Teilstreckenlänge wird mit zunehmender Verbesserung und Stabilisierung des Technikniveaus systematisch erhöht.

Beachte:

Werden im Training die Strecken zu lang gewählt, tritt zunehmend ein Technikverlust auf und es werden fehlerhafte, unzweckmäßige Bewegungsausführungen herausgebildet, die sich bei Verfestigung nur schwer und sehr mühevoll beseitigen lassen. (PIRL, J. 1985, S. 15)

In jeder **Trainingsaufgabe** muß der technische Vervollkommnungsprozeß enthalten sein und **niemals „neben" dem Training einerseits richtig „schön" geschwommen und andererseits „trainiert" werden.**

Das Technik-Lerntraining ist Bestandteil des gesamten Trainingsprozesses.

Auf ein **SCHNELLIGKEITSORIENTIERTES TRAINING** sollte bereits mit Beginn des Kindertrainings geachtet werden, da die Ausprägung der Schnelligkeit sich aus der Tatsache ergibt, daß eine ***parallele Entwicklung von Ausdauer und Schnelligkeit*** von Anbeginn des sportlichen Trainings an sich ***perspektivisch günstig auf die Leistungsentwicklung auswirkt.*** Des weiteren ist besonders im Kindesalter die Schnelligkeit gut entwickelbar, was sich auf die neuromuskulär günstigen Entwicklungsbedingungen der acht- bis zwölfjährigen Kinder stützt.

Im Sportschwimmen wird unter **Schnelligkeit** in erster Linie die konditionelle Fähigkeit verstanden, ***„die auf der Grundlage zweckmäßiger, kräftiger und relativ hochfrequenter zyklischer Bewegungen zu einer möglichst hohen Schwimmgeschwindigkeit führt."*** (**Schramm, E.** 1987, S. 256)

Für die schwimmsportliche Leistungsfähigkeit sowie die Entwicklung einer effektiven Schwimmtechnik nimmt die Schnelligkeit eine entscheidende Position ein, da die überwiegenden Anforderungen der Wettkampfdisziplinen aus Kurzzeitausdauerleistungen bestehen.

Das **schnelligkeitsorientierte Kindertraining** von Schwimmsportlern umfaßt folgende **drei Bestandteile** der Ausbildung:

➤ Die ***lokomotorische Schnelligkeit***, charakterisiert als eine Fähigkeit des Schwimmers höchstmögliche Schwimmgeschwindigkeiten bei kurzzeitiger Belastungsdauer zu erreichen.

➤ Die ***Reaktionsschnelligkeit***, als der Zeitraum vom Auslösen eines Signals bis zum Beginn der sportlichen Bewegung definiert.

➤ Die ***Aktionsschnelligkeit*** drückt sich in der Ausführung einer begrenzten motorischen Handlung (einer Einzelaktion) gegen die dabei auftretenden äußeren Widerstände in möglichst kurzer Zeit aus.

Diese drei Bestandteile des schnelligkeitsorientierten Kindertrainings beeinflussen die Entwicklung der maximalen Schwimmschnelligkeit der vier Schwimmarten im Wasser sowie die Rentabilität der Starts und Wenden.

Das ***schnelligkeitsorientierte Kindertraining*** sollte insbesondere beim Training ***an Land*** unter günstigeren und vielfältigeren Voraussetzungen indirekt entwickelt werden.

● Koordinative Fähigkeiten

Koordinatives Training als grundlegende Basis der sporttechnischen Ausbildung.

Die **koordinativen Fähigkeiten** als diejenigen Fähigkeiten, ***die primär durch Prozesse der Bewegungskoordination bedingt sind*** (**Thiess/ Schnabel/ Baumann** 1980, S. 78), sind eine wesentliche ***Voraussetzung für die Qualität der Steuerungsprozesse*** aller sportlichen Bewegungsformen.

Von den in der wissenschaftlichen Auseinandersetzung sehr unterschiedlich dargestellten, koordinativen Fähigkeitsbereichen lassen sich **fundamentale, koordinative Fähigkeiten** als bedeutend für die sporttechnische Schwimmausbildung herausstellen:

- **Differenzierungsfähigkeit,** als eine Fähigkeit, feine ***Nuancen in der zeitlichen, räumlichen und dynamischen Struktur der Bewegung*** unterscheiden zu können;

- **Gleichgewichts-** und **Stabilisierungsfähigkeit** tritt dann zutage, wenn z.B. beim ***Startsprung*** eine ***Verlagerung des Körperschwerpunktes*** eintritt, sowie nach dem ***Start*** und der ***Wende*** die ***gewünschte Körperlage*** eingenommen wird;

- **Orientierungsfähigkeit** bezieht sich auf die ***Bestimmung der Lage des Körpers*** und seiner Teile im Raum während sportlicher Handlungen mit stärkeren Lageveränderungen, die beispielsweise zur Realisierung einer ***zweckvollen und ökonomischen Wendentechnik*** notwendig sind;

- **Rhythmisierungsfähigkeit** ist die Fähigkeit, ***Bewegungen*** in einer charakteristischen ***zeitlich-dynamischen Verlaufsform*** umsetzen zu können. Sie hat vorrangig auf die ***Bewegungsökonomie,*** wie z.B. die ***Schwimmtechnik,*** grundlegenden Einfluß;

- **Reaktionsfähigkeit** erfordert neben der ***schnellen Reaktion*** auf ein meist akustisches Signal, ***mit*** einer ***sofortigen Bewegungsauslösung*** situativ angemessen zu reagieren, wie beispielsweise die Reaktion auf das Startkommando;

- **Kopplungsfähigkeit** ist die Voraussetzung für die ***Koordination der verschiedenen Teilbewegungen*** und für das Schwimmen bedeutsam im Zusammenspiel der ***Arm-, Bein- und Atmungsbewegungen.***

! Die Ausprägung einzelner koordinativer Fähigkeiten sollte insbesondere beim Training an Land unter günstigeren und vielfältigeren Voraussetzungen indirekt entwickelt werden.

1.3 Prinzipien für das Lerntraining

Für die Gestaltung des schwimmtechnischen Lerntrainings gelten bestimmte pädagogisch-didaktische Prinzipien, die beachtet und durchgesetzt werden müssen.

Folgende ausgewählte Prinzipien der

▲ Bewußtheit, ▲ Faßlichkeit und ▲ Anschaulichkeit

mit besonderer Bedeutung für das Kindertraining im Sportschwimmen sollten angesprochen werden.

▲ **Prinzip der Bewußtheit** Das Prinzip der Bewußtheit bedeutet für die Ausbildung und Erziehung der Sportler, daß im Kindertraining den jungen Sportlern in ***altersgerechter Form die Erscheinungen der Technikanforderungen*** nahegelegt werden, um eine ***aktive, bewußte*** und ***schöpferische Mitarbeit*** zu ermöglichen.

Diese für den Trainingsprozeß notwendige, bewußte Mitarbeit kann bereits im Kindertraining erfolgen durch

- ➡ **die gemeinsame Erarbeitung von Technikaufträgen;**
- ➡ **die gemeinsame Auswertung von Techniküberprüfungen.**

Hierbei muß die sportpädagogisch leitende Rolle des Trainers und die bewußte Mitarbeit des Nachwuchssportlers als Einheit betrachtet werden.

▲ **Prinzip der Faßlichkeit** Unter Beachtung von ***alters- und entwicklungsspezifischen Bedingungen*** sind alle ***sporttechnischen Anforderungen*** so zu praktizieren, daß jeder Sportler diese ***positiv verarbeiten kann.*** Jede Anforderung im Wasser- und Landtraining sowie in Theorieeinheiten muß so gestaltet werden, daß der Sportler seine ***physischen, psychischen und intellektuellen Leistungspotenzen mobilisieren*** kann.

Die Beachtung dieses Prinzips bedeutet für eine qualitative Aufgabenbewältigung:

- **klare, verständliche Handlungsorientierungen;**
- **faßliche technische und methodische Erläuterungen.**

▲ **Prinzip der Anschaulichkeit**

Für alle ***lernmotorischen Trainingsaufgaben*** bzw. die Übermittlung von Informationen sind in hohem Maße ***anschauliche Formen auszuwählen***, die dem ***Ausbildungsniveau und der Trainingserfahrung der Sportler entsprechen.*** Der Grad der Anschaulichkeit ist insbesondere beim Sichtbarmachen von Bewegungsabläufen der Schwimmbewegung oder dem Erlernen einer Übung wichtig.

Die Kenntnisvermittlung kann mit Hilfe von:

- **bildlich anschaulicher Sprache;**
- **Demonstration durch qualifizierte Sportler;**
- **Anschauungsmitteln und**
- **Videotechnik in höherer Qualität und Effektivität vermittelt werden.**

1.4 Schwimmtechnische Lernschrittfolgen

Das Erarbeiten und Vervollkommnen der Schwimmarten, der Starts und Wenden basiert auf zielgerichteten und systematisch aufeinander abgestimmten Lernschritten.

Die Auswahl der Lernschrittfolgen sollte lerntheoretischen und pädagogisch-methodischen Erkenntnissen sowie Praxiserfahrungen entsprechen. Das Erreichen einer hohen Effektivität beim motorischen Lernen des raschen und stabilen Entwicklungstempos wird maßgeblich davon bestimmt, wie der Trainer/Lehrer bzw. Übungsleiter die detaillierten Lernschritte plant und in die Praxis umsetzt.

Beachte:

Jeder einzelne geplante Lernschritt ist von der schwimmtechnischen Bewegungsstruktur der eigentlichen Technik-Zielvorgabe abgeleitet.

➡ ***Im motorischen Lernprozeß werden die Teilziele als Lernschritte aufgefaßt.*** In seiner festgelegten systematischen Aufeinanderfolge müssen von den Sportlern die technischen Teilanforderungen in der Bewegungsausführung erarbeitet und stabilisiert werden. Erst mit dem Erfüllen des geforderten technischen Schwerpunktes kann die Lernschrittfolge fortgesetzt werden.

➡ ***Die einzelnen Lernschritte sind in ihrer Aufeinanderfolge beizubehalten.*** Werden die technischen Teilanforderungen in dem jeweiligen Lernabschnitt nicht erfüllt oder die Aufeinanderfolge der Lernschritte ungenügend beachtet, sind die Folgen bei den Sportlern ersichtlich in

- **unzureichenden schwimmtechnischen Fertigkeiten,**
- **einem verzögerten Vervollkommnungsprozeß,**
- **uneffektiven und unökonomischen Bewegungsausführungen.**

➡ ***Geforderte technische Details können innerhalb eines Lernschrittes variiert werden.*** Die Reihung der Teilanforderungen richtet sich nach der jeweiligen Gruppenstruktur und dem konkreten Entwicklungsstand der Sportler. Die Auswahl der dafür abgeleiteten Methoden zur Erlernung und Vervollkommnung des schwimmtechnischen Details ist für den Übungs- bzw. Trainingsprozeß entsprechend einzuplanen.

➠ Die ***zeitliche Dauer der einzelnen Lernschrittstufen*** wird einerseits vom ***Schwierigkeitsgrad*** des zu übenden technischen Schwerpunktes sowie dem konkreten ***Ausbildungsstand*** und dem ***Lerntempo*** der Gruppe bestimmt.

! **Eine erhöhte „*Wirksamkeit des motorischen Lernprozesses, das Erzielen eines hohen Vervollkommnungstempos wird davon bestimmt, wie der Trainer diesen Prozeß plant und pädagogisch-methodisch führt*".** (**Schramm, E.** 1987, S. 210)

➠ Um den Lernprozeß erfolgreich zu gestalten, ist es erforderlich, in der Planung folgende ***Akzente*** zu beachten:

☞ *Abgeleitet von den schwimmtechnischen Schwerpunkten sind dem Sportler* ***theoretisch fundierte Kenntnisse*** *zu vermitteln.*

☞ *Durch die Verbesserung der theoretischen Kenntnisse soll bei den Sportlern auch die* ***exakte Bewegungsvorstellung*** *herausgebildet werden.*

☞ *Allgemeine* ***Übungen an Land und im Wasser*** *sollen den Sportlern die* ***Basis*** *notwendiger koordinativer Voraussetzungen für eine* ***ökonomisch-effektive Schwimmtechnik*** *bieten.*

☞ *Die* ***Erhöhung und Stabilisierung der konditionellen Voraussetzungen*** *wirkt wiederum unterstützend auf die* ***Stabilität der erworbenen technischen Bewegungsausführung*** *in der zu verlängernden Teilstreckenlänge.*

☞ ***Spezielle Übungsformen*** *dagegen sollen zur eigentlichen* ***Ziel-Bewegungsstruktur, die dem Technik-Leitbild entsprechen,*** *aufbauend geübt werden.*

1.5 Fehlerarten bei Schwimmtechniken

- Für eine wirkungsvolle ***Fehlerkorrektur*** im allgemeinen ist ***„das richtige Erfassen und Analysieren der Schwimmbewegung durch den Trainer“*** **(Schramm, E. 1987, S. 236)** eine entscheidende Voraussetzung.

Wird durch geeignete Darlegung (Videoanalyse) oder „pädagogisch gelenkte Selbsterkennung“ der Sportler/-innen die Fehlerursache festgestellt und die Korrekturmaßnahme gemeinsam erarbeitet, können durch diese bewußte Mitarbeit schnellere und stabile Lernerfolge erzielt werden!

Treten ***Abweichungen vom Technik-Leitbild*** auf, sind bei Fehlern sowie möglichen ***Ursachen*** zu unterscheiden zwischen

• Grob- und • Feinfehlern sowie
• Haupt- und Nebenfehlern.

• Grobfehler

sind die Nichtübereinstimmung vom jeweiligen Technikmodell, dessen elementare Bewegungsanforderung einen effektiven Vortrieb hindert.

• Feinfehler

sind differenzierter mit immer „feineren“ Abweichungen vom Technikmodell zu definieren.

! ***Grobfehler sind vor Feinfehlern zu korrigieren.***

• Hauptfehler

ist jeweils derjenige schwimmtechnische Fehler, *„der das entscheidende Hemmnis für die weitere sporttechnische Vervollkommnung darstellt“*. **(Thiess/Schnabel/Baumann,** 1980, S. 106)

! ***Hauptfehler sind vor Nebenfehlern zu korrigieren.***

Beachte:

Im Kindertraining werden die für die gesamte Gruppe typischen Technikfehler korrigiert, jedoch sollte jede(r) Schwimmer/-in individuell angesprochen werden.

- Eine entscheidende **Voraussetzung für eine wirkungsvolle Korrektur** ist die **Behebung der Fehlerursache,** wodurch die Bewegungsausführung mit ihren technischen Anforderungen von den Sportlern nur ungenügend ausgeführt wird. Folgende **Hauptursachen** von maßgeblichen Fehlern können bei den Schwimmern auftreten:

➡ **Konditionelle Fähigkeiten** sind unzureichend ausgeprägt wie

- ***mangelnde Kraftvoraussetzungen,***
- ***unzureichendes Ausdauervermögen oder***
- ***zu geringe Ausprägung der Schnelligkeitsleistung.***

➡ **Mangelnde Beweglichkeit** bestimmter Gelenksysteme als elementare Voraussetzung einer qualitativ und quantitativ guten Bewegungsausführung wie des

Schulter- und Hüftgelenkes.

➡ Niedriges Niveau der **koordinativen Fähigkeiten** zur Gewährleistung einer den jeweiligen Umständen angepaßten Bewegungsaufgabe besonders an die der

• Kopplungs-, • Differenzierungs- und • Rhythmisierungsfähigkeit.

➡ **Ungenügendes „Wassergefühl“** durch eine mangelnde Ausprägung des kinästhetisch-taktilen Empfindungsvermögens.

➡ **Ungenügende theoretische Kenntnisse;**

➡ unvollständige oder **fehlerhafte Bewegungsvorstellun**g der Schwimmtechnik, der Starts und Wenden;

➡ **mangelnde Konzentrationsfähigkeit**;

➡ **fehlende bewußte Mitarbeit** beim Lern- und Vervollkommnungstraining.

Beim Training zur Korrektur von schwimmtechnischen Abweichungen müssen die Trainingsmethoden in erster Linie auf die Beseitigung der Fehlerursachen und keineswegs auf die Fehlererscheinung ausgerichtet sein.

1.6. Phasen des Bewegungsablaufs beim Brustschwimmen

Die Absicht, den schwimmerischen Bewegungsablauf zu effektivieren, in seinen Einzelheiten anschaulich zu beschreiben, führt unter anderem zu einer bildlichen Zerlegung der Bewegungshandlung. Damit werden Teile der Bewegung aus dem vollständigen Bewegungsablauf herausgenommen, deren maßgeblicher Zweck betrachtet sowie deren Beziehung zu anderen Teilbewegungen hergestellt.

Bei der Extremitätenbewegungen des Brustschwimmens werden die Arm- und Beinbewegungen in die folgenden vier Phasen eingeteilt:

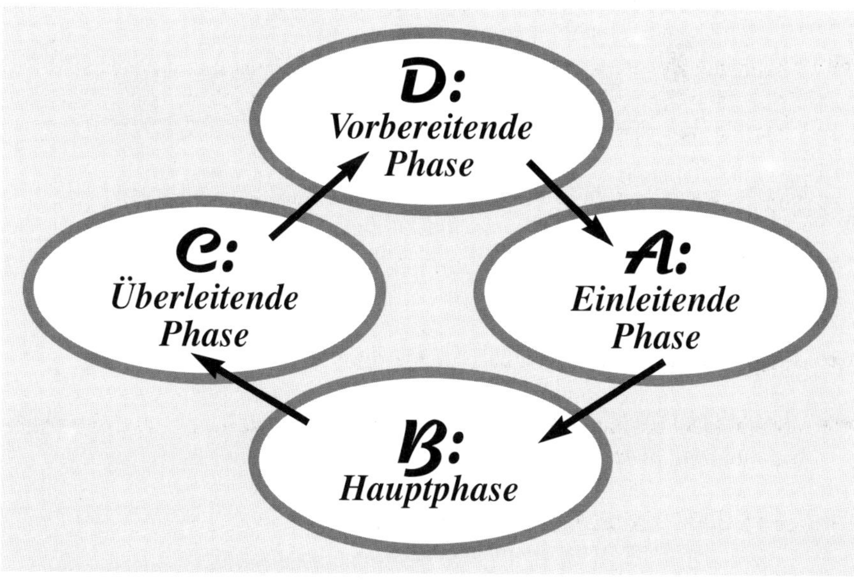

(vgl. **Schramm, E.** 1987, S. 76-77)

A: In der **einleitenden Phase**
werden für einen effektiven Abdruck am/im Wasser die Vorbereitungen geschaffen, wie die

➡ optimale Beschleunigung der Arm- und Beinbewegung mit dem Herausbilden widerstandsfördernder Abdruckbedingungen, z. B.:

- ***„schnelles Wasserfassen"***

➡ Anspannung der Muskulatur,

➡ Vorbereitung größtmöglicher Abdruckflächen durch eine optimale Hand- bzw. Fußstellung.

In dieser Phase muß einerseits die effektivste Abdruckmöglichkeit vorbereitet werden und andererseits die geringste Wasserwiderstandskraft gewährleistet sein.

Aus dieser Erkenntnis wird deutlich, daß diese einleitende Phase zeitlich und räumlich nicht zu groß und nicht zu klein angesetzt werden darf.

B: Die **Hauptphase**
wird vorrangig durch den abdruckwirksamen Vortrieb des Körpers bestimmt. In dieser Hauptphase der Arm- und Beinbewegung müssen die effektiv-kraftvollen Abdruckbewegungen sehr gut ausgeprägt werden. In diesem Bewegungsabschnitt wird dem Körper bei gleichbleibender oder zunehmender Geschwindigkeit eine Beschleunigung gegeben, bei dem die

➡ Bewegungsrichtung der Armzüge und der Beinbewegung nach hinten, entgegen der Schwimmrichtung, dominiert,

➡ die Abdruckflächen der Hände und Füße bewegen sich gleich schnell oder schneller nach hinten als der Körper in Schwimmrichtung.

! Ein besonders gering hemmender Wasserwiderstand des Körperverhaltens in allen Phasen ist für die bestmögliche Abdruckwirksamkeit der Hauptphase von großer Bedeutung.

C: Die **überleitende Phase**
ist durch die Bewegungsumkehr von vorangegangener Abdruckhandlung in die Vorbereitung zur Ausgangsposition einer erneuten vortriebswirksamen Abdruckbewegung gekennzeichnet. Diese Phasengestaltung ist in zeitlich-räumlicher Betrachtung relativ kurz und klein im Bewegungsausmaß, beim Brustschwimmen gekennzeichnet durch

➡ die Bewegungsrichtung der Hände seitlich nach innen und z. T. nach oben;

➡ die Füße bewegen sich ebenfalls seitlich nach innen mit anschließender Fußstreckung nach hinten.

Diese Bewegungsumkehr sollte zeitlich-räumlich relativ klein gehalten werden, damit der Wasserwiderstand in dieser Position für die Arme und Beine nur eine geringe Auswirkung hat.

D: In der **vorbereitenden Phase**
werden die Arme bzw. Beine zurück in die Ausgangsposition gebracht: zur Vorbereitung einer erneuten Abdruckbewegung,

➡ die Hände und Füße werden vorrangig in Schwimmrichtung bewegt,

➡ dabei werden die Arme in einer gut gestreckten Position mehr oder minder kurzzeitig verharren für die bewußt gestaltete Gleitphase.

! **Beim Brustschwimmen wirkt besonders in dieser Phase der Wasserwiderstand, da die Beine vollkommen und die Arme z. T. in diesem Augenblick im Wasser verbleiben.**

Durch eine strömungsgünstige Position des Körpers kann die Wasserwiderstandskraft herabgesetzt werden, z. B.

- ***durch gute Streckung der Arme,***
- ***die Hände zusammenhalten bei geschlossenen Fingern,***
- ***durch Schließen der Beine mit guter Fußstreckung.***

In dieser vorbereitenden Phase müssen die optimalen Voraussetzungen für die einleitende Phase und die Hauptphase geschaffen werden, die einerseits gekennzeichnet ist durch eine

- ***Erholung der beanspruchten Muskulatur***

in der vorangegangenen Abdruckbewegung der Hauptphase und andererseits am Ende der vorbereitenden Phase

- ***die Vordehnung einiger Muskeln***

gewährleisten.

Praxisbeispiele:

Wird die Armbewegung beim Brustschwimmen in der **einleitenden Phase zeitlich-räumlich zu groß** gestaltet, so wird die Ausprägung der Hauptphase zu klein, das bedeutet, die Länge des Abdruckweges wird beeinträchtigt.

➠ ***Die Folge ist eine ungenügende Beschleunigung und damit wird ein Abfall der Schwimmgeschwindigkeit verursacht.***

Eine zu **geringe Entwicklung der Krafteigenschaften** beim Sportler beeinflußt in der Regel die Beschleunigung der Hände in der Hauptphase, die nur über einen kurzen Weg oder eine ungenügende Ausnutzung der Abdruckbewegung gekennzeichnet ist.

➠ ***Die Folge ist eine zeitlich-räumlich zu groß gestaltete überleitende Phase, die damit eine Erhöhung des Wasserwiderstandes an den Armen bewirkt.***

! **Werden Korrekturen in der Arm- bzw. Beinbewegung vorgenommen, so ist der Technikakzent auf die bestmögliche Abdruckbedingung der Hauptphase zu legen.**

- Bewußt oder unbewußt vorgenommene **Veränderungen der Schwimmzugfrequenz (Fq)** bewirken häufig eine **Beeinträchtigung der Abdruckbedingungen in der Hauptphase.** Da das Hauptaugenmerk im Kindertraining mit bestmöglicher Ausprägung der Schwimmtechnik auf kurzen und schnellen Strecken geübt werden sollte, ist auf eine **optimale Gestaltung der Hauptphase** ➠ ***Ausnutzung der Abdruckbedingungen,*** zu achten.
- Bewußtes Üben mit **Variierung der Zugfrequenz (Fq)** ➠ ***extrem hohe Fq oder betont niedrige Fq mit ausgeprägter Gleitphase,*** ist ein fester Bestandteil im Technik-Lerntraining. Hierbei sollten in erster Linie zeitliche Veränderungen in der vorbereitenden, einleitenden oder überleitenden Phase erfolgen. Die effektiv-gute Abdruckbewegung in der Hauptphase sollte voll genutzt werden.

! **Über den gesamten Lern- und Trainingsprozeß muß angestrebt werden, eine optimale Phasenstruktur zu entwickeln, die sich auf eine effektive Entwicklung der Techniken auswirkt, worauf eine perspektivische Leistungsentwicklung aufbauen kann.**

(in Anlehnung an **Schramm, E.** 1987, S. 76-79)

2. Technik

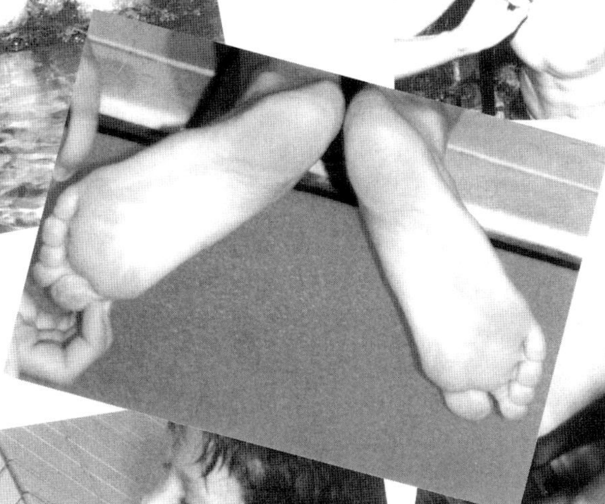

2.1. Methodische Hinweise für die Arbeit mit den Technikprogrammen

Die folgenden Ausführungen enthalten die ***Technikschwerpunkte,*** die ***Grundanforderungen,*** die ***Lernabfolge*** sowie Hinweise zur Verbesserung bzw. Korrektur der Schwimmtechnik – Brustschwimmen, dem Startsprung, der Wende im Brustschwimmen und Lagenwende vom Rücken- zum Brustschwimmen.

A: Technikschwerpunkte

Die *folgenden* ***Bildreihen des Brustschwimmens, des Starts und der Wenden*** bilden die wesentlichen ***Technikschwerpunkte;*** außerdem sind ausgewählte Bildausschnitte mit ***verbalen Hinweisen*** bzw. gedanklichen ***Tips für den Lern- und Vervollkommnungsprozeß*** enthalten.

Für das Training und hauptsächlich für die Wettkämpfe ist die Bewältigung einer guten Start- und Wendetechnik unerläßlich.

Durch den ***Start*** soll ***„möglichst schnell eine für das Schwimmen günstige Körperlage mit hoher Anfangsgeschwindigkeit"*** (**Renner/Dietze/Müller 1987, S. 14**) erzielt werden.

- Beim Kindertraining wird das ***Technik-Lerntraining*** des ***Startsprunges*** für das Brustschwimmen vom Block als ***Streckstart*** *mit* ***Greifhaltung*** *und anschließendem* ***Tauchzug*** verwirklicht.

Die *Wenden* sind gegenüber den Starts von zusätzlicher Wichtigkeit, da diese im Training bzw. Wettkampf mehrmals ausgeführt werden.

- Die Wende wird im Sportschwimmen definiert als eine ***„Umkehr am Ende der Schwimmbahn zur Fortsetzung eines Wettkampfes, wenn die Strecke länger als eine Bahn ist".*** (**Thiess/Schnabel/Baumann** 1980, S. 257)

! Für eine qualitativ gute **Wendentechnik ist auch das Niveau der Ausdauerentwicklung** entscheidend.

- Das Schwimmen von längeren Strecken mit den dafür erforderlichen Wenden setzt ein ausreichend entwickeltes Ausdauervermögen voraus.

Für das ***Technik-Lerntraining*** werden im Kindertraining ***folgende Ausführungsarten der Wende*** empfohlen:

- **Brustschwimmen:** ➟ ***hohe, seitliche Drehwende;***
- **Lagenschwimmen:**

  Rücken- zum Brustschwimmen

  ➟ ***hohe, seitliche Wende.***

B: Grundanforderungen

✍ In regelmäßigen Abständen sollte das ***Ergebnis des Technik-Lerntrainings hinsichtlich seiner Zweckmäßigkeit*** mit den ***Grundanforderungen der Schwimmarten, der Starts und Wenden verglichen werden.***

☞ Im Kindertraining erfolgt die ***Auswertung des Lern- und Vervollkommnungsprozesses vorwiegend gruppenspezifisch.*** Die gruppentypischen Abweichungen von den technischen Grundanforderungen sind richtungsweisend für das weitere trainingsmethodische Herangehen.

C: Lernabfolge

Zur Erlernung und Vervollkommnung der ***Schwimmtechnik, der Starts und Wenden*** werden bei der ***„Lernabfolge“*** praktische ***Tips für eine erfolgreiche Gestaltung*** der einzelnen Lernschritte im Kindertraining angeboten.

- In der ***Lernabfolge*** werden die ***technischen Teilanforderungen*** den ***Schwerpunkten innerhalb der Bewegungsausführung zugeordnet.***

- Die (numerierte) ***Lernabfolge ist beizubehalten,*** jedoch kann die ***Reihung der Teilanforderungen*** je nach gruppentypischer Situation ***variiert werden.***

- Die angebotenen ***Übungsmöglichkeiten (an Land/im Wasser)*** sind dem entsprechenden ***Entwicklungsniveau anzupassen.***

Tips zum Techniktraining

Mit der Entwicklung der Technik der Sportschwimmarten erfolgt der systematische Erarbeitungs- und Vervollkommnungsprozeß der schwimmartspezifischen Starts und Wenden mit folgenden zu beachtenden Regeln:

➢ *VOM EINFACHEN ZUM SCHWEREN.*

➢ *AUSREICHENDE ÜBUNGSWIEDERHOLUNGEN* zur Herausbildung technischer Bewegungsfertigkeiten, so daß Korrekturhinweise zur zweckmäßigen Bewegungsausführung durch die Sportler umgesetzt werden können.

➢ *BEI EINZELBEWEGUNGEN MUß GESAMTBEWEGUNG FOLGEN,* d.h. die vorausgehende Schulung der Einzelbewegung der Beine bzw. Arme bildet den Schwerpunkt für die folgende Gesamtbewegung.

➢ *HILFSMITTEL SCHWIMMBRETT* (Größe A4) sollte beim Schwimmen der Bein- und Armbewegung nicht zu direkt am Rumpf gehalten werden. Beim Festhalten der Bretter ist vorauszusetzen, daß der Sportler sich hauptsächlich auf die Ausführung der Tecknikbewegung konzentriert.

➢ *KURZE TEILSTRECKENLÄNGE FÜR ARMBEWEGUNG.*

➢ *PARALLELE ENTWICKLUNG* von *STARTS* und *WENDEN.*

➢ *HOHE EFFEKTIVITÄT* durch kontinuierliches Anwenden von verbalen Technikanweisungen in Verbindung mit Zeichensprache.

! ***Eine Korrektur von Technikinformationen nach Abschluß des Trainings ist wirkungslos, da die Sportler diese Hinweise nachfolgend nicht mehr verarbeiten und bewegungsmotorisch umsetzen können.***

2.2

Brustschwimmen

Aufgabenstellung:

Schnelles Fortbewegen im Wasser in der Brustlage mit Einsatz vortriebswirksamer Gleichzugbewegungen der Arme und Beine bei einer strömungsgünstigen Körperstellung sowie der Beherrschung einer zweckmäßigen Atmung.

A: Technikschwerpunkte – Brustschwimmen

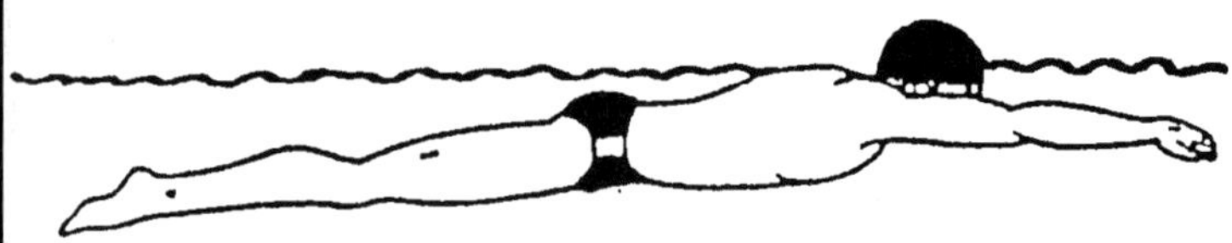

Abb.: B1

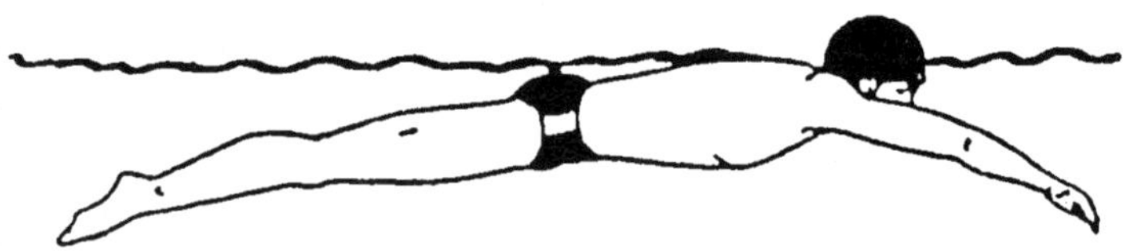

Abb.: B3

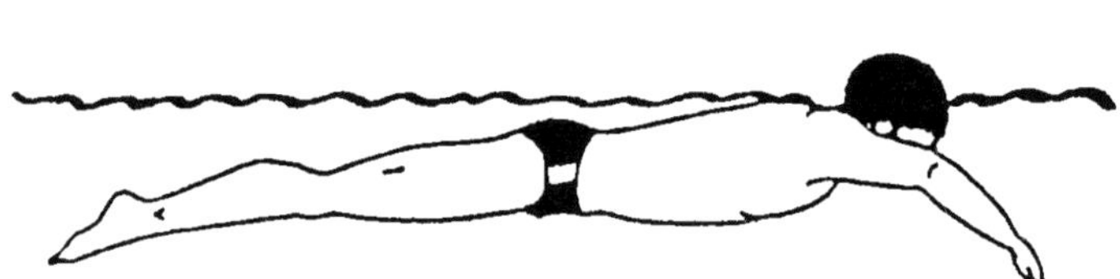

Abb.: B5

Abb. B1 und B2

Arme:

Vor Zugbeginn liegt der Schwimmer in völlig gestreckter Gleitphase: Im Wasser bewegen sich die Hände schräg abwärts nach hinten mit Anstellen der Handflächen zum „Wasserfassen“ in der einleitenden Phase.

Atmung:

Ausatmung durch Mund und Nase ins Wasser.

Abb. B3, B4, B5 und B6

Arme:

Mit Beginn des Armzuges, Beugen der Arme im Ellenbogengelenk und Einbeziehung der Unterarme für den Abdruck am Wasser durch „Ellenbogen-vorn-Haltung“.

Atmung:

Der Kopf beginnt sich jetzt zur Einatmung zu heben.

Abb.: B2

Abb.: B4

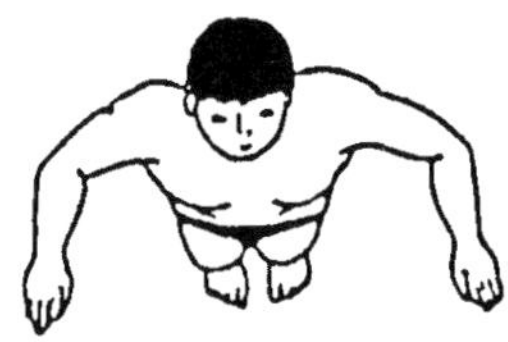

Abb.: B6

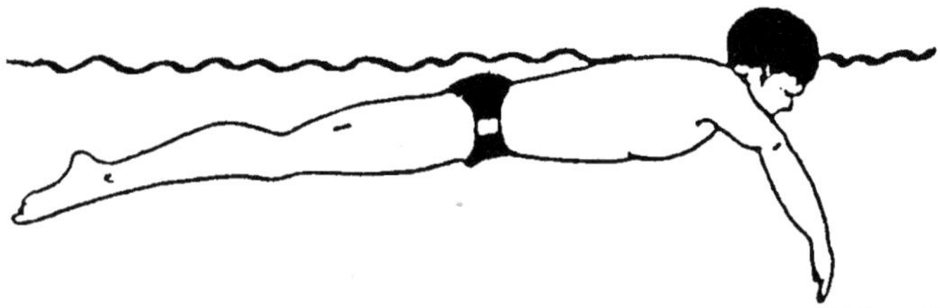

Abb.: B7

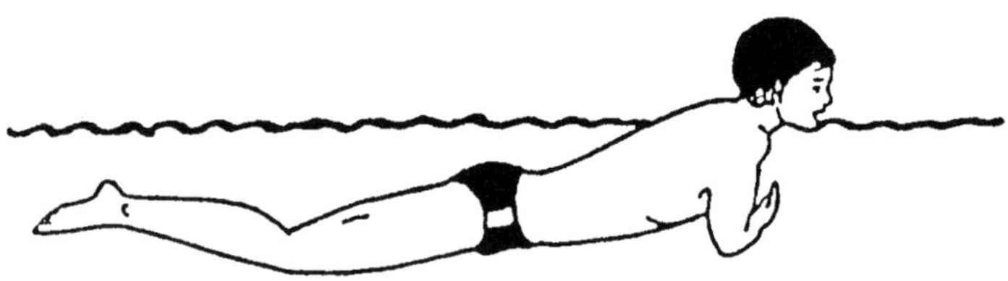

Abb.: B9

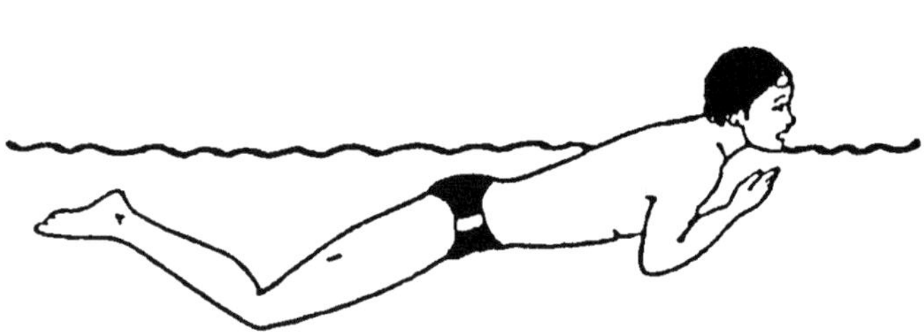

Abb.: B11

Abb. B7, B8, B9 und B10

Arme:

Mit stark steigendem Krafteinsatz in der Hauptphase und der größten Geschwindigkeit der Hände gegen Ende der Abdruckbewegung.

Die Arme ziehen bis zur Nähe der Schultern.

Beine:

Die Füße bewegen sich dicht unter der Wasseroberfläche in Richtung Gesäß.

Die Oberschenkel öffnen sich nur leicht und werden möglichst wenig angezogen.

Atmung:

Der Kopf wird nur so weit gehoben, daß der Mund zum Einatmen über die Wasseroberfläche kommt.

Es erfolgt ein tiefes und kurzes Einatmen, wenn die Hände unter dem Kinn sind.

Abb. B11, B12

Arme:

Strecken der Arme mit annähernd sich berührenden und parallel zur Wasseroberfläche geführten Händen.

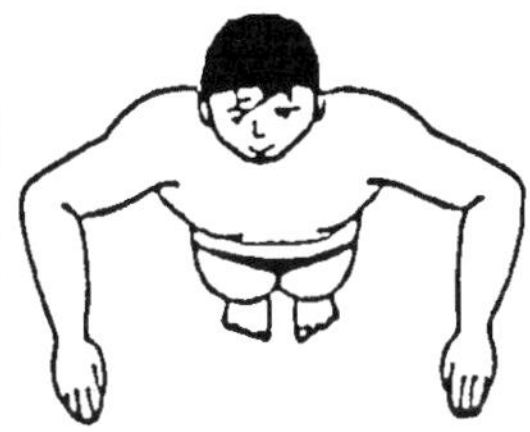

Abb.: B8

Abb.: B10

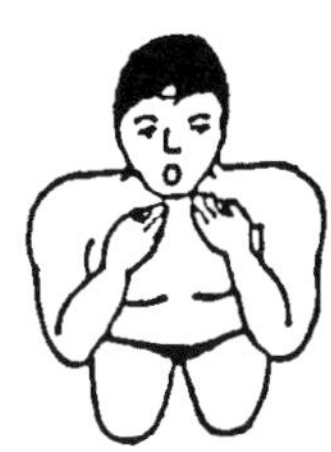

Abb.: B12

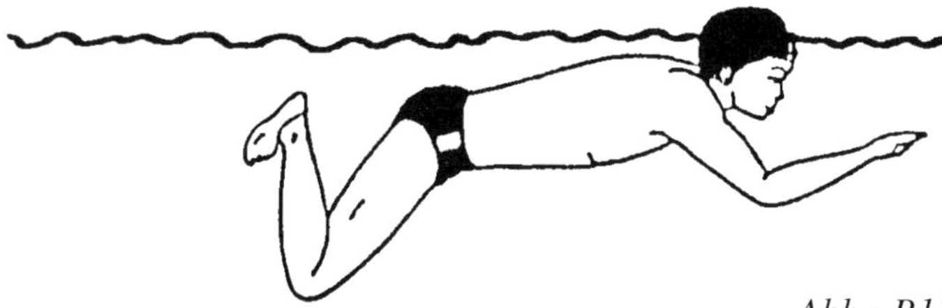

Abb.: B13

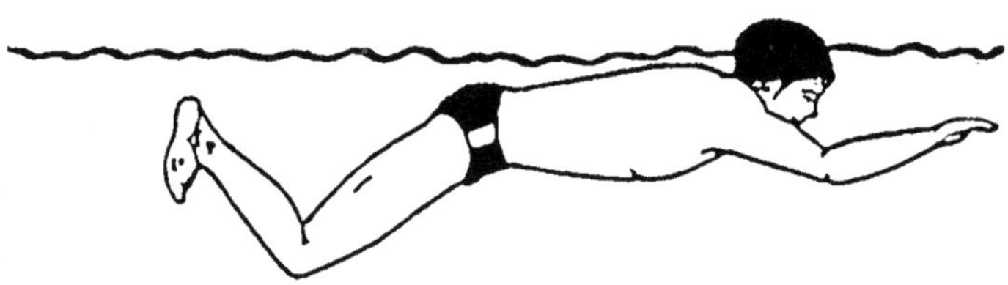

Abb.: B15

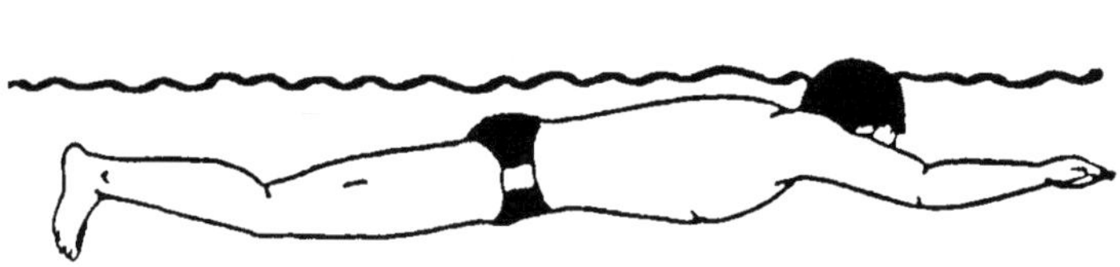

Abb.: B17

Abb. B13 und B14

Beine:

Die Füße werden nach außen gedreht, die Öffnung der Füße muß größer sein als die Knie.

Explosives Stoßen der Füße nach hinten durch Strecken der Beine, gleichzeitig, sowohl im Knie- als auch im Hüftgelenk.

Atmung:

Der Kopf senkt sich wieder und die Ausatmung beginnt.

Abb. B15, B16, B17 und B18

Beine:

Bevor sich die Beine schließen, sind die Knie schon durchgedrückt.

Abb.: B14

Abb.: B16

Abb.: B18

B: Grundanforderungen – Brustschwimmen

Für die Erfassung der Güte „Bewegungsausführung“ des Brustschwimmens sind die folgenden ausgewählten Bewegungsmerkmale zu beachten:

Grundanforderungen – Brustschwimmen	
Bewegungsmerkmal	Punkte
1. Beinbewegung	
Explosives Anziehen der Füße in Richtung Gesäß. ☞ • Gleichzeitiges und horizontales Anfersen!	*1*
Anstellen der Füße mit den Zehen nach außen. ☞ • Unterschenkel und Fußsohlen stehen annähernd senkrecht!	*1*
Schnellkräftiger Abdruck nach außen hinten bis zur völligen Streckung der Füße. ☞ • Abdruck der Fußsohlen vom Wasser! ☞ • Symmetrische und simultane Beinbewegung!	*1*
2. Armbewegung	
Aus der völligen Streckung erfolgt ein schnellkräftiger Armzug nach außen und hinten mit anschliessendem schnellen Ellenbogen-Innendruck. ☞ • Abdruckbewegung von Hand und Unterarm mit deutlicher „Ellbogen-vorn-Haltung“!	*1*
3. Gesamtbewegung	
Zweckmäßige Koordination der Arm-/Beinbewegung einschließlich der effektivem Atemtechnik. ☞ • Aktive Einatmung beim Ellbogen-Innendruck! ☞ • Vollständige Ausatmung ins Wasser beim Nachvornstrecken der Arme!	*1*
Maximum der Punktbewertung	**5**

(vgl.: DSSV 1985, S. 16i)

! ***Die Beobachtungsergebnisse können mit Hilfe der Punktbewertung registriert und gruppenspezifische sowie individuelle, technikspezifische Mängel besser analysiert werden.***

Tips zur gedanklichen Technikorientierung

● Beinbewegung

● Anziehen der Füße mit Knie nach innen
● Füße nach außen drehen und schnellkräftiger Abdruck

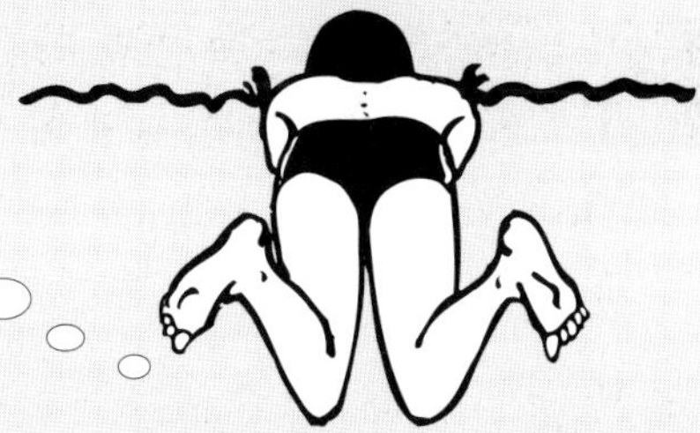

● Armbewegung

● Aus der Streckung, schnellkräftiger Abdruck von Hand und Unterarm
● Schnelles Hereinnehmen der Ellenbogen

● Gesamtbewegung/Atmung

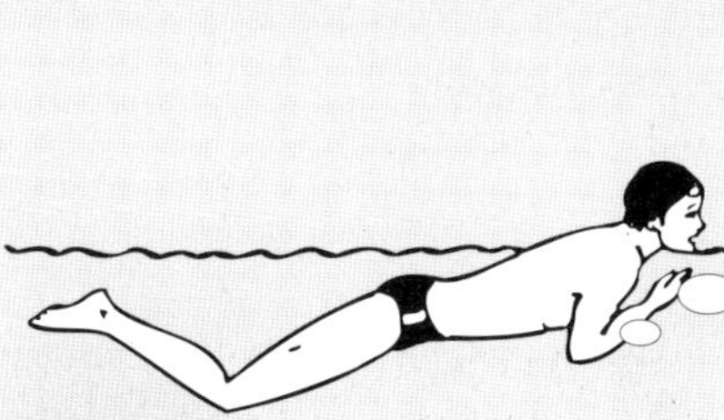

● Gute Strecklage mit Nachvornschieben der Schultern
● Aktives, kräftiges Einatmen bei Zusammenführen der Arme unter dem Körper

● Vollständige Ausatmung in das Wasser beim Strecken der Arme

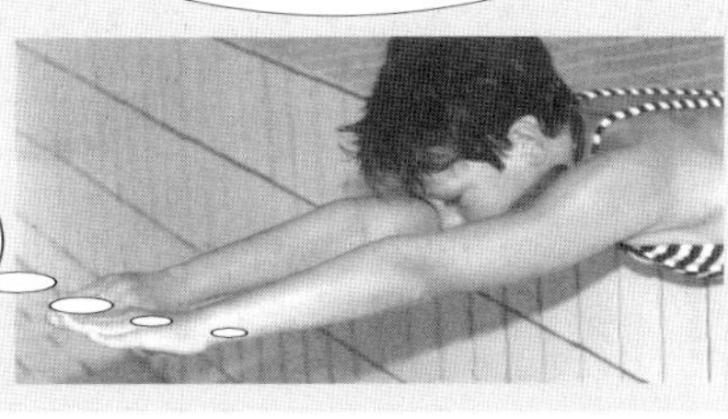

C: Lernabfolge – Brustschwimmen

In der folgenden Übersicht werden für das Brustschwimmen Hinweise für die inhaltliche Gestaltung der einzelnen Lernschritte angeboten.

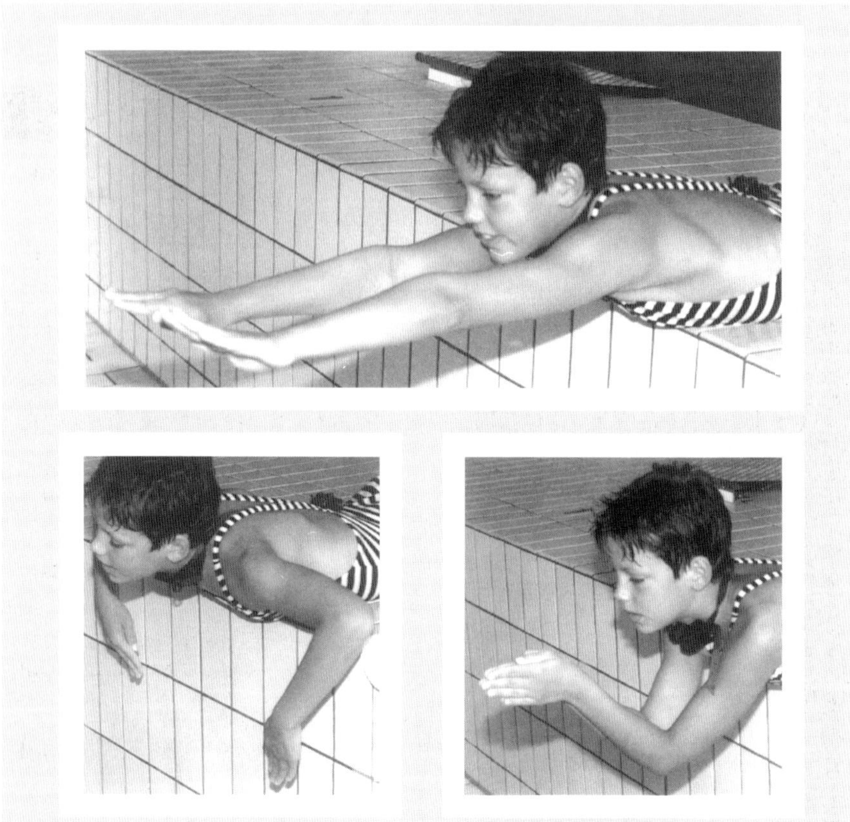

Imitationsübung zur Schulung der Brustarmbewegung

Beachte:

Die numerierte Lernabfolge ist beizubehalten!

➤ Die Reihung der **Teilanforderungen** kann der gruppentypischen Situation angepaßt und variiert werden.

☞• **Zahlreiche Tips** für den Trainer sollen die Trainingspraxis unterstützen. Für das zielgerichtete Lerntraining können zur weiteren Qualifizierung der Schwimmtechnik spezielle Übungsformen im ● Wasser- bzw. ❍ Landtraining angewendet und durch den Trainer weiterentwickelt werden.

Lernabfolge mit Fixierung der Technikmerkmale
Brustschwimmen

Technikmerkmal

Spezielle Übungen beim ● Wasser- ❍ Landtraining
☞ Tips für den Trainer

Beinbewegung

1.

➤ **Gut gestreckte Körperposition in der Brustlage.**

Arme liegen gestreckt auf dem Schwimmbrett, Augen dicht über der Wasseroberfläche!

● Kraftvoller Abstoß in der Brustlage mit anschließender bewußter Gleitphase.
☞ **Kopf zwischen den gut gestreckten Armen bei völlig gestreckter Körperlage!**
A.-Wdh. (Anzahl der Wiederholung) = 4 bis 6 x, anschließend bis 25 m mit B-Gleitübungen.

● Abstoß in der Brustlage ➞ Gleitphase ➞ Kopf zwischen den Armen bei gestreckter Körperlage ➞ Auf kurzen Teilstrecken mit/ohne Schwimmbrett Beinbewegung.
A.-Wdh. = 4 bis 6 x 12,5 m und anschließend bis 25 m mit BB in der Rückenlage.

☞ **Arme liegen gestreckt auf dem Schwimmbrett, Augen dicht über der Wasseroberfläche!**
☞ **Schultern waagerecht halten!**
☞ **Körper liegt gerade und Hüfte feststellen!**

➤ **Gut übereinstimmende und gleichzeitige Bewegungen beider Füße (symmetrisch und simultan).**

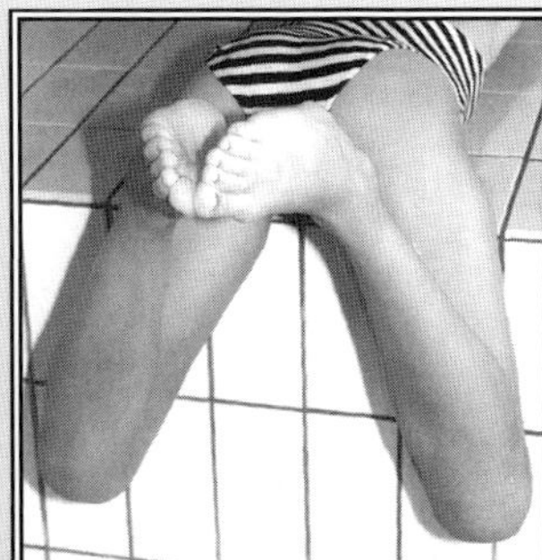

Imitationsübung des gleichzeitigen Anziehens beider Füße zum Gesäß

❍ *Schulung der **Ganzkörperspannung**.*
❍ *Schulung und Verbesserung der **Beweglichkeit im Fußgelenk.***

● Abstoß in der Brustlage ➞ Gleitphase ➞ Kopf zwischen den Armen bei gestreckter Körperlage ➞ Auf kurzen Teilstrecken mit Schwimmbrett Beinbewegung.
A.-Wdh. = 4 bis 10 x 12,5 m-25 m.
☞ **Schultern waagerecht halten!**
☞ **Gleichzeitiges Anziehen beider Füße zum Gesäß!**

Beachte: **Gleichzeitiges Abdrücken beider Füße nach außen / hinten! Gleichzeitiges Strecken und Schließen beider Füße!**

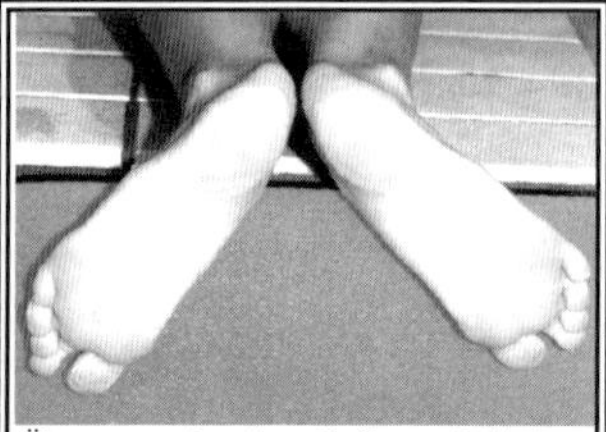

Übungen an Land zur Fußbeweglichkeit

❍ *Schulung und Verbesserung der* ***Beweglichkeit in Fuß- und Kniegelenken.***

➤ **Gleichzeitiges Anziehen der Füße zum Gesäß, bei relativ enger Kniehaltung.**

● Abstoß in der Brustlage ➞ Gleitphase ➞ Kopf zwischen den Armen bei gestreckter Körperlage ➞ Auf kurzen Teilstrecken mit Schwimmbrett Beinbewegung.
A.-Wdh. = 4 bis 6 x 12,5 m-25 m.

Hinweis: ☞ **Bewußtes, gleichzeitiges Anziehen der Füße!**

Übungen zur ***Sensibilisierung*** *von extremen Abweichungen vom Technik-Leitbild zur Verbesserung der optimalen Beinbewegung:*

- Extrem enger / breiter Kniehaltung;
- „Einbeiniges" Anziehen der Füße, u.v.m.

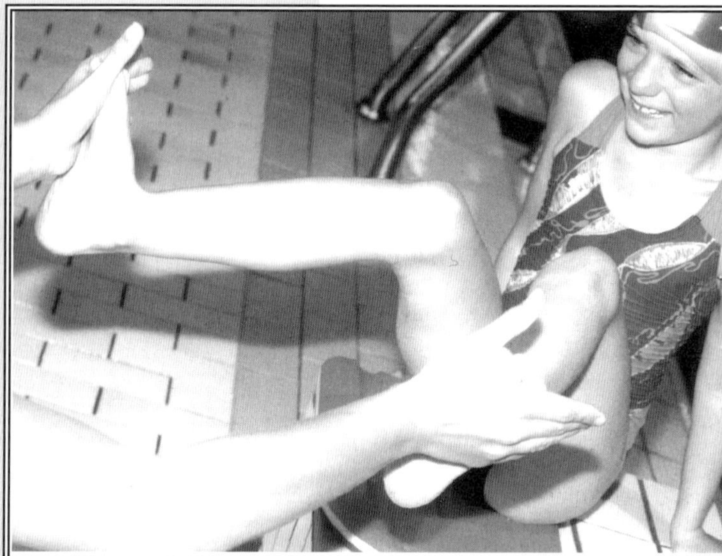

Imitationsübungen zur Verbesserung der Brustbeinbewegung mit Hilfestellung

Achtung:

➤ **Zügiges Anziehen der Füße zum Gesäß.**

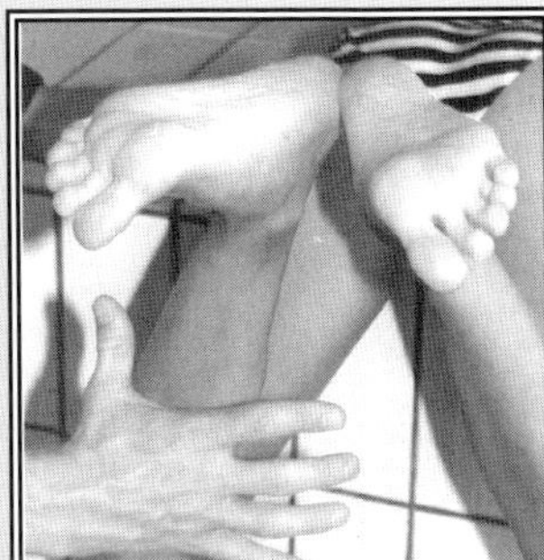

Imitationsübungen zur Verbesserung des Anstellens der Füße nach außen mit / ohne Hilfestellung

➤ **Anstellen der Füße nach außen und explosivem Abdruck der Füße nach hinten außen.**

Partnerübung:

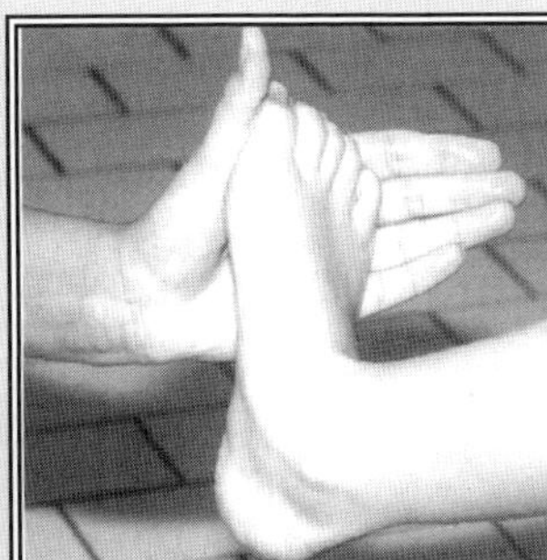

Übungen an Land zur Abdruckschulung der Beinbewegung mit den Fußsohlen gegen den Widerstand der Hände des Partners

- Abstoß in der Brustlage ➞ Gleitphase ➞ Kopf zwischen den Armen bei gestreckter Körperlage ➞ Auf kurzen Teilstrecken mit / ohne Schwimmbrett sensibilisierende Übungen der Beinbewegung.
  A.-Wdh. = 4 bis 6 x 12,5 m-25 m.

Sensibilisierendes Übungsprogramm mit der optimalen Beinbewegung abschließen!

- Abstoß in der Brustlage ➞ Gleitphase ➞ Kopf zwischen den Armen bei gestreckter Körperlage ➞ Auf kurzen Teilstrecken mit Schwimmbrett sensibilisierende Übungen der Beinbewegung.
  A.-Wdh. = 4 bis 6 x 12,5 m-25 m.

☞ **Bewußtes, schnelles Anziehen der Füße!**
☞ **Anziehen der Füße nicht ruckhaft, aber schnell!**

- Abstoß in der Brustlage ➞ Gleitphase ➞ Kopf zwischen den Armen bei gestreckter Körperlage ➞ Auf kurzen Teilstrecken mit Schwimmbrett Beinbewegung
  A.-Wdh. = 4 bis 6 x 12,5 m-25 m.

☞ **Anziehen der Füße bei relativ enger Kniehaltung!**
☞ **Zügiges Anziehen der Füße und bewußtes Anstellen nach außen!**

Zur Verbesserung der optimalen Beinbewegung:

- **Abdruckschulung in der Bauchlage mit den Fußsohlen gegen den Widerstand der Hände des Partners.**

- Abstoß in der Brustlage ➞ Gleitphase ➞ Kopf zwischen den Armen bei gestreckter Körperlage ➞ Auf kurzen Teilstrecken mit Schwimmbrett Beinbewegung,
  A.-Wdh. = 4 bis 6 x 12,5 m-25 m.

☞ **Mit den Fußsohlen vom Wasser kraftvoll nach außen hinten abdrücken!**

☞ **Abdruck mit den Fußsohlen nach außen hinten bis zur vollständigen Streckung der Beine!**

➤ **Aktiver Abdruck der Fußsohlen bis zur völligen Streckung der Beine.**

● Abstoß in der Brustlage ➟ Gleitphase ➟ Kopf zwischen den Armen bei gestreckter Körperlage ➟ Auf kurzen Teilstrecken mit Schwimmbrett Beinbewegung. **A.-Wdh.** = 4 bis 6 x 25 m.

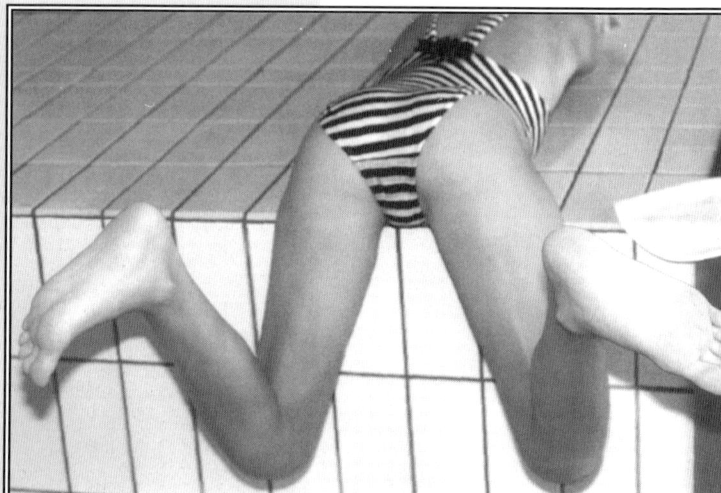

Imitationsübungen des aktiven Abdrucks der Fußsohlen

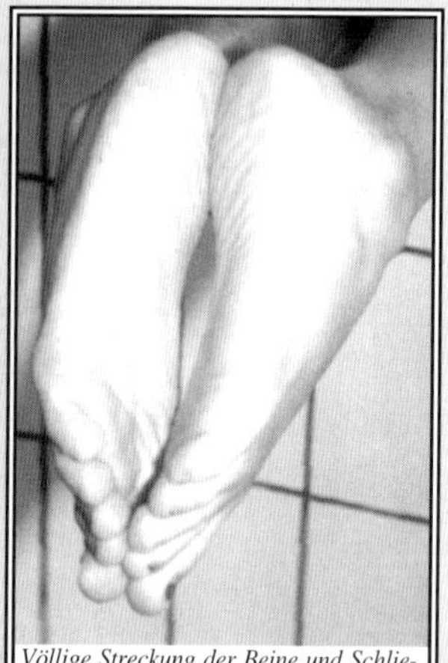

Völlige Streckung der Beine und Schließen der Füße

☞ **Betont kräftiger Abdruck der Fußsohlen bis zum Schließen der Füße in Strecklage!**

● Abstoß in der Brustlage ➟ Gleitphase ➟ Kopf zwischen den Armen bei gestreckter Körperlage ➟ Auf kurzen Teilstrecken Beinbewegung ohne Schwimmbrett mit gut gestreckten Armen.
A.-Wdh. = 4 bis 6 x 12,5-15 m, anschließend RGL + BB bis 25 m.

☞ **Beim Schließen der Füße den Körper bewußt nach vorne schieben!**

Armbewegung

2.

➤ **Bewegungsablauf der Armbewegung.**

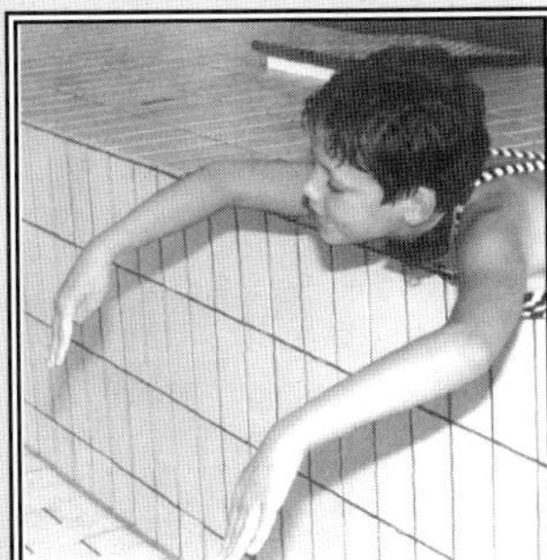

Imitationsübungen des Brustarmzuges an Land

➤ **Symmetrische und simultane Armbewegung.**

❍ ***Imitationsübungen*** *zur Schulung und Verbesserung der Bewegungsvorstellung des Brustarmzuges.*

● Abstoß in der Brustlage ➞ Gleitphase ➞ Kopf zwischen den Armen bei gestreckter Körperlage ➞ Auf kurzen Teilstrecken mit Kraulbeinbewegung (zur Stabilisierung der Körperlage).
A.-Wdh. = 4 bis 6 x 12,5-15 m, anschließend RGL + KB bis 25 m.

☞ **Bewußtes, gleichzeitiges Ziehen der Hände seitlich nach außen hinten!**

● Abstoß in der Brustlage ➞ Gleitphase ➞ Kopf zwischen den Armen bei gestreckter Körperlage ➞ Auf kurzen Teilstrecken mit Kraulbeinbewegung (zur Stabilisierung der Körperlage) .
A.-Wdh. = 4 bis 6 x 12,5-15 m, anschließend RGL + KB bis 25 m.

● Abstoß in der Brustlage ➞ Gleitphase ➞ Gut gestreckte Körperlage ➞ BA mit Kraulbeinbewegung (zur Stabilisierung der Körperlage).
A.-Wdh. = 4 bis 6 x 12,5-15 m, anschließend B-Gleitübungen bis 25 m.

☞ **Ziehen der Hände seitlich nach außen hinten und Innenführung mit schnellem Strecken der Arme nach vorn!**

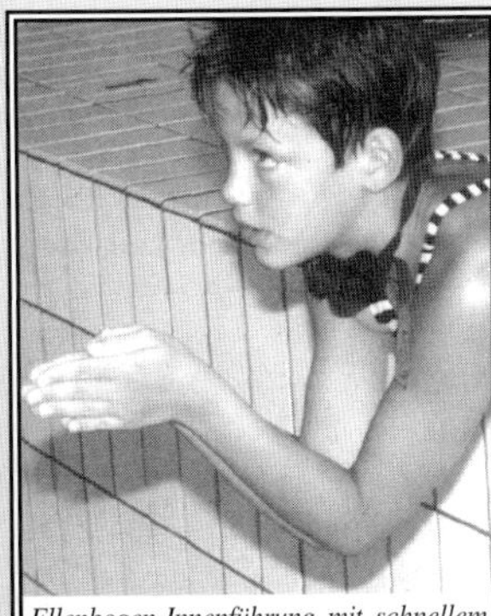

Ellenbogen-Innenführung mit schnellem Strecken der Arme nach vorn

➤ **„Wasserfassen" aus der vollständigen Armstreckung.**

❍ ***Imitationsübungen*** *zur Schulung und Verbesserung der Bewegungsvorstellung des „Wasserfassens":*

- Armbewegung im Stand bei vorgebeugtem Oberkörper mit betont aktivem „Wasserfassen" beider Hände.

Partnerübung:

Zur Verbesserung der optimalen Abdruckbewegung beider Hände:

- Abdruckschulung im Stand (Flachwasser) bei vorgebeugtem Oberkörper mit den Handflächen gegen den Widerstand der Hände des Partners.

➤ **Anstellen beider Hände zum Abdruck seitlich nach hinten.**

- Abstoß in der Brustlage ➞ Gleitphase ➞ Kopf zwischen den Armen bei gestreckter Körperlage ➞ Auf kurzen Teilstrecken Brustarmbewegung mit Brustbeine. **A.-Wdh.** = 4 bis 6 x 12,5-15 m, anschließend B-Gleitübungen bis 25 m.

Abdruck der Hände bis etwa doppelte Schulterbreite

☞ **Kraftvoller Abdruck der Hände gleichzeitig im Halbkreis nach außen bis etwa doppelte Schulterbreite!**

➤ **Abdruck der Hände und Unterarme mit „Ellenbogen-vorn-Haltung".**

❍ ***Imitationsübungen*** *zur Schulung und Verbesserung der „Ellenbogen-vorn-Haltung":*

- Armbewegung im Stand bei vorgebeugtem Oberkörper mit betont-aktivem Abdruck der Hände und Unterarme mit „Ellenbogen-vorn-Haltung".

- Abstoß in der Brustlage ➞ Gleitphase bei gestreckter Körperlage ➞ Brustarmbewegung mit Brustbeine.
  A.-Wdh. = 4 bis 6 x 15-25 m.

☞ **Kraftvoller Abdruck der Hände nach außen hinten bis etwa Schulterbreite!**
☞ **Halbkreisförmige Abdruckbewegung der Hände und Unterarme nach außen hinten bis etwa unter das Kinn!**
☞ **Bewußt hoher Krafteinsatz!**

➤ **Aktives Einatmen zum richtigen Zeitpunkt.**

❍ ***Imitationsübungen*** *zur Schulung des richtigen Zeitpunktes der* ***Einatmung****:*
- Vollständige Armbewegung im Stand bei vorgebeugtem Oberkörper (Flachwasser) mit betont-aktivem Einatmen, wenn beide Hände und Arme unter das Kinn gebracht werden.

- Abstoß in der Brustlage ➞ Gleitphase bei gestreckter Körperlage ➞ B-Gesamtbewegung.
  A.-Wdh. = 4 bis 6 x 15-25 m.

☞ **Betonte Einatemtechnik beim „Ellenbogen-Innendruck" der Arme und Hände!**

Aktive Einatmung beim „Ellenbogen-Innendruck „ der Arme und Hände!

➤ **Stark zunehmender Krafteinsatz beim Armzug.**

- Abstoß ➞ Gleitphase bei gestreckter Körperlage ➞ B-Gesamtbewegung.
  A.-Wdh. = 4 bis 6 x 12,5-15 m, anschließend B-Gleitübungen bis 25 m.

☞ **Betont zunehmender Krafteinsatz vom „Wasserfassen" bis zum „Ellenbogen-Innendruck" der Arme und Hände!**

➤ **Schnelles Strecken der Arme mit Nachvornschieben der Schulter.**

❍ ***Imitationsübungen*** *zur Schulung der* ***Armstreckung*** *mit gleichzeitigem Nachvornschieben der Schulter:*

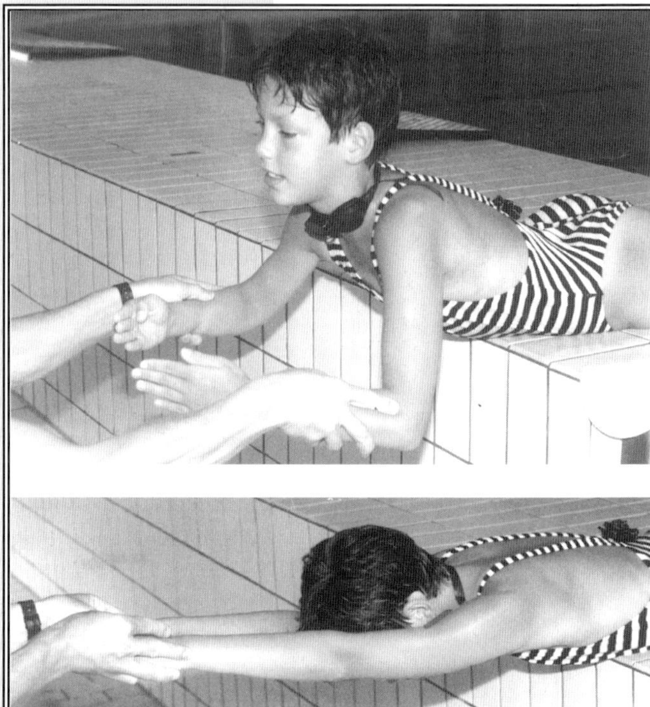

Imitationsübung zur Verbesserung der Armbewegung mit betont aktivem „Ellenbogen-Innendruck" in Verbindung mit der Armstreckung

- Abstoß ➞ Gleitphase ➞ Brustgesamtbewegung.
  A.-Wdh. = 4 bis 6 x 12,5-15 m, anschließend in der Rückenlage Gleitübungen bis 25 m.

☞ **Betonte, schnelle und pausenlose Überleitung zur Streckphase!**
☞ **Bewußte Körperstreckung beim Strecken der Arme!**
☞ **Hände liegen dicht nebeneinander beim Vorschieben der Arme in die Schwimmrichtung!**

➤ **Langes, gleichmäßiges Ausatmen beim Strecken der Arme.**

- Abstoß ➞ Gleitphase ➞ Kopf zwischen den Armen bei gestreckter Körperlage ➞ Brustgesamtbewegung mit betont verlängerter Gleitphase in der Körperstrecklage.
  A.-Wdh. = 4 bis 6 x 15-25 m.

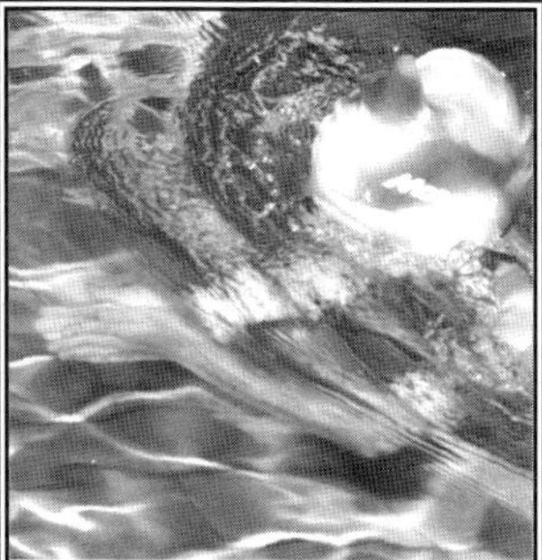

Betonte Ausatmung beim Strecken der Arme.

☞ **Betonte Ausatmung kurz vor der Streckung der Arme!**

☞ **Betonte, lange und gleichmäßige Ausatmung bis zur vollständigen Streckung der Arme und verlängerte Gleitphase!**

➤ **Atemtechnik in der Gesamtbewegung.**

- Abstoß → Gleitphase → Kopf zwischen den Armen bei gestreckter Körperlage → Brustgesamtbewegung.
  A.-Wdh. = 4 bis 6 x 25 m.

☞ **Betonte, intensive und kurze Einatemtechnik beim „Ellenbogen-Innendruck" der Arme und Hände!**

Idee:

Brustgesamtbewegung mit zwei darauffolgenden Brustbeinbewegungen (B + 2 x BB) bei guter Armstreckung.
A.-Wdh. = 2 bis 6 x 25 m.

☞ **Betonte, lange Ausatmung in der Gleitphase und den 2 x BB!**

☞ **Kopf darf nicht untertauchen!**

➤ **Koordination der Atmung zur Armbewegung.**

- Abstoß → Gleitphase → Brustgesamtbewegung.
  A.-Wdh. = 4 bis 6 x 25 m.

➤ **Beachtung der Kopfsteuerung.**

- Abstoß → Gleitphase bei gestreckter Körperlage → Brustgesamtbewegung.
  A.-Wdh. = 4 bis 6 x 25 m.

☞ **Kopf zur Einatmung leicht anheben!**

☞ **Gesicht aufs Wasser legen während der Ausatmung!**

Intensive, kurze Einatmung

Gesamtbewegung

3.

➤ **Zuordnung von Arm- und Beinbewegung.**

- Abstoß in der Brustlage ➞ Gleitphase ➞ Kopf zwischen den Armen bei gestreckter Körperlage ➞ Auf kurzen bis mittleren Teilstrecken Brustgesamtbewegung.
  A.-Wdh. = 4 bis 6 x 25-50 m.

Idee: *Brustgesamtbewegung mit langem Gleiten.*

Brustbeine am Ort mit den Armen in der Hochhalte bzw. Seithalte

☞ **Jeder Armbewegung wird eine Beinbewegung zugeordnet!**
☞ **Während des letzten Teil des Armzuges die Beine anziehen!**
☞ **Bewußter Abdruck der Füße beim Strecken der Arme!**

Idee:

- **Rechter Arm/linkes Bein in der Brustschwimmbewegung bei guter Strecklage des linken Armes/rechten Beines;**
- **Brustbeinbewegung mit Brustarmbewegung in entgegengesetzter Schwimmrichtung, u.v.m.**

Beachte:

Diese sensibilisierenden Übungen mit einer „technisch sauberen" Gesamtbewegung abschließen!

❍ ***Koordinative Übungen** zur Schulung und Verbesserung der Kopplungsfähigkeit.*

➤ **Zuordnung von Arm- und Beinbewegung mit guter Körperstreckung.**

- Abstoß ➞ Gleitphase ➞ Kopf zwischen den Armen bei gestreckter Körperlage ➞ Auf kurzen Teilstrecken Brustgesamtbewegung mit betonter Armstreckung und längerem Gleiten.
  A.-Wdh. = 4 bis 6 x 12,5-25 m.

☞ **Völlige Streckung der Arme und Hände vor dem „Wasserfassen"!**

☞ **Gesicht liegt auf der Wasseroberfläche!**

➤ **Regelmäßige Atmung in der Gesamtbewegung.**

- Abstoß ➞ Gleitphase bei gestreckter Körperlage ➞ Auf kurzen Teilstrecken B-Gesamtbewegung mit betontem, längeren Gleiten und gleichmäßigem, längeren Ausatmen sowie kurzem, intensiven Einatmen.
  A.-Wdh. = 4 bis 6 x 15-25 m.

☞ **Einatmung am Ende des Armabdruckes!**

➤ **Hohe Bewegungsintensität bei Beachtung der Gleit- und Strecklage.**

- Sprinttraining auf der Querbahn mit Abstoß in der Brustlage, Gesamtbewegung mit betont schnellen Brustschwimmbewegungen.
  A.-Wdh. = 6 bis 8 x 12,5-15 m, anschließend B-Gleitübungen bei guter Strecklage.

- **Maximale Bewegungsintensität mit hoher Zugzahl;**
  A.-Wdh. = 2 bis 6 x 25-50 m.

- **Minimale Brustgesamtzüge der zurückzulegenden, vorgegebenen Streckenlänge, u.v.m.**
  A.-Wdh. = 2 bis 6 x 25-50 m.

!

Merke: **Diese sensibilisierenden Übungen mit einer „technisch sauberen" Gesamtbewegung abschließen!**

Beachte: **In der Gesamtbewegung sind die Arm- und Beinbewegung gleichermaßen an einem schnellen und kraftvollen Vortrieb der Brustgesamtbewegung beteiligt!**

(in Anlehnung an **Schramm, E.** 1987, S. 219 - 221)

Tips zur Wettkampfvorbereitung

● Standart-Start mit Übergang in die Schwimmbewegung und Anschlag

- ➢ Selbständige, gründliche ± 15 minütige **Erwärmungsgymnastik** vor dem Einschwimmen.
- ➢ Standard **Einschwimmprogramm**, dem Alters- und Leistungsbereich entsprechend mit abschließendem
- ➢ **Schnelligkeits-Technikprogramm.**

Übungsdauer:

20-30 Minuten (einschließlich dem Einschwimmprogramm).

A.-Wdh./Schnelligkeits-Technikprogramm:

2 bis 4 x 50 m Brustschwimmen und B-Gleitübungen.

Intensität:

I. + II. Abschnitt der Technikanforderung in **maximaler Schnelligkeit** mit einer **Belastungsdauer** ± 10", bzw. 12,-15 m Streckenlänge.

III. Abschnitt relativ **langsam** in **Schwimmkombination**.

Idee: B-Gleiten mit gleichmäßiger, langer Ausatmung.

● Empfehlung zur Organisation

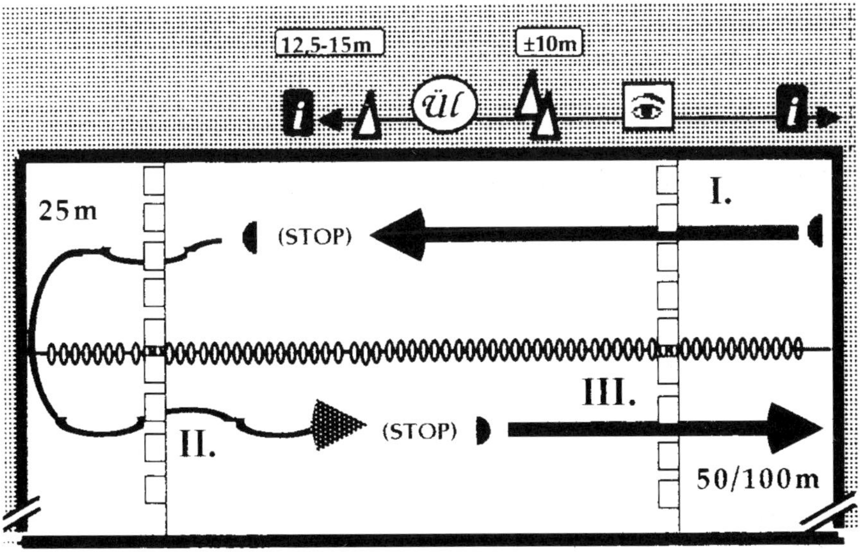

LEGENDE:
i Informationsgebung ÜL Übungsleiter/Trainer (T)/ Lehrer (L) oooo Schwimmleine ÜL Standort △ Markierungshilfen 👁 Beobachtungsbereich

- **I. Abschnitt:**
  Aus der Ausgangsstellung ➡ Kraftvoller Absprung auf Kommando ➡ Flugphase ➡ Gleitphase ➡ Kraftvoller TZ unter Wasser ➡ Beginn der Gesamtbewegung mit Auftauchen des Kopfes, mit hohem Tempo fortsetzen bis zur festgelegten Markierung ➡ [Stop] ➡ Informationshinweise vom ÜL/T/L.
- **II. Abschnitt:**
  Lockerschwimmen bis zur folgenden festgelegten Markierung ➡ [Stop].
- **III. Abschnitt:**
  Anschwimmen zum Anschlag in hohem Tempo ➡ Vororientierung (Flaggenbegrenzung) ohne Abbremsen oder Tempoverlust schnellkräftig an die Wand anschlagen ➡ [Stop], Informationshinweise vom ÜL/T/L.

Beachte:

- Bassin verlassen bzw. Wand freihalten für die folgenden Sportler.
- Die erforderlichen Technikhinweise sollten positiv orientiert zur motivationalen Unterstützung gegeben werden.
- Hinweise zum technikorientierten Einschwimmen nur auf eine Bewegungsaufgabe beschränken!

Individuelle Technikhinweise geben.

! Das Start- und Anschlag-Einschwimm-Techniktraining in der Mitte der Bahn und nicht im „Rechtsverkehr" üben.

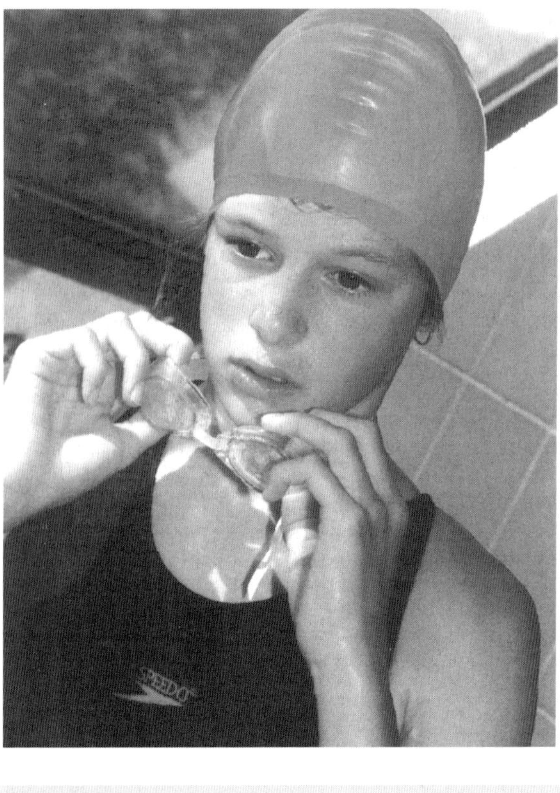

Vollständige Konzentration auf den Start!

2.3 Startsprung mit Brusttauchzug

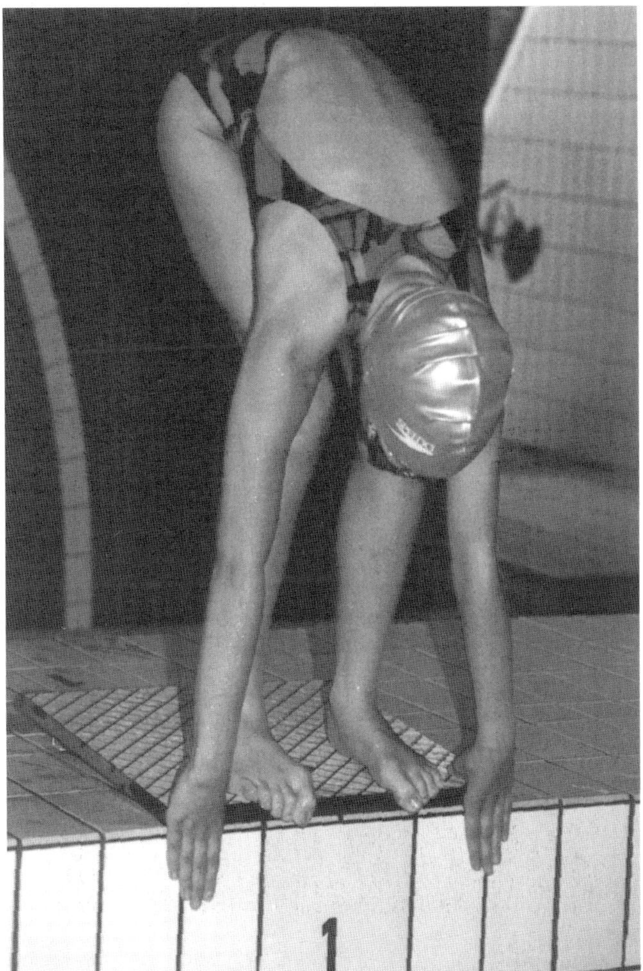

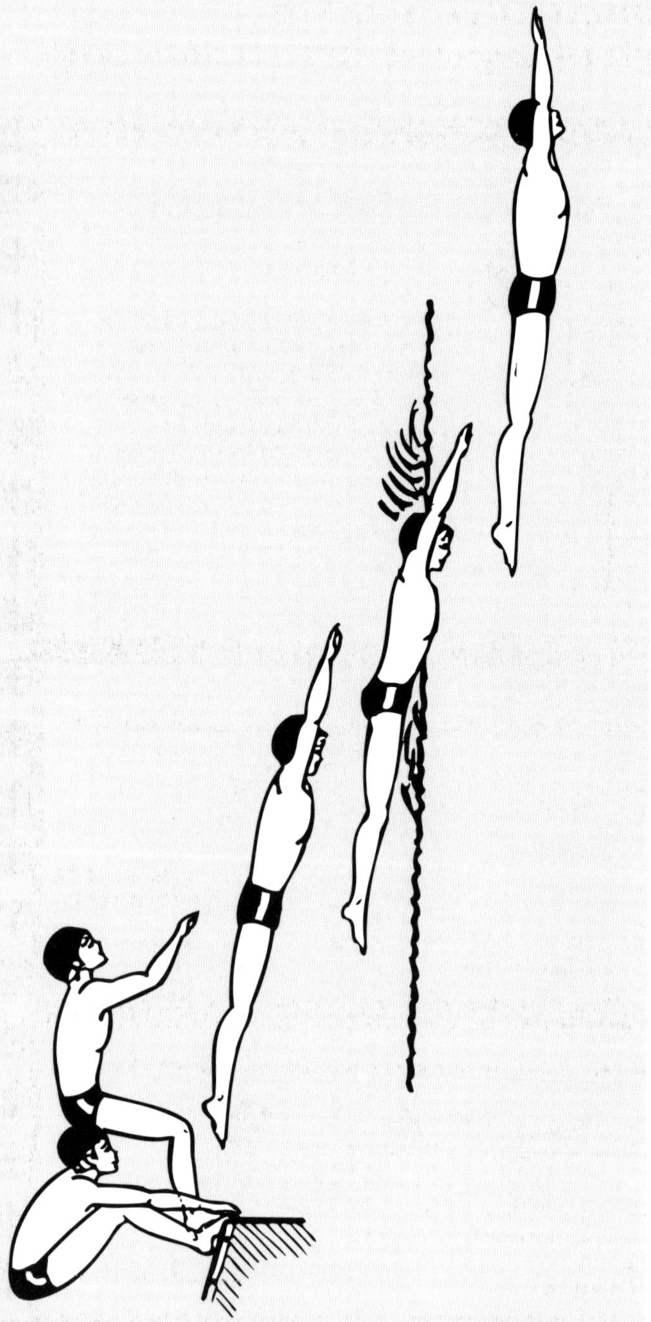

Aufgabenstellung:
Erreichen eines sehr schnellen Überganges von der Ruhestellung auf dem Startblock zu einer großen Schwimmgeschwindigkeit.

A: Technikschwerpunkte Startsprung mit Brusttauchzug

Hinweis

Für den Startsprung des anschließenden Brustschwimmens werden bis zur Gleitphase dieselben Grundanforderungen wie beim Startsprung für das anschließende Kraulschwimmen geübt bzw. gefordert (vgl. Abschnitt: Technikschwerpunkte – Startsprung „Schwimmbibliothek" Band 5, S. 49).

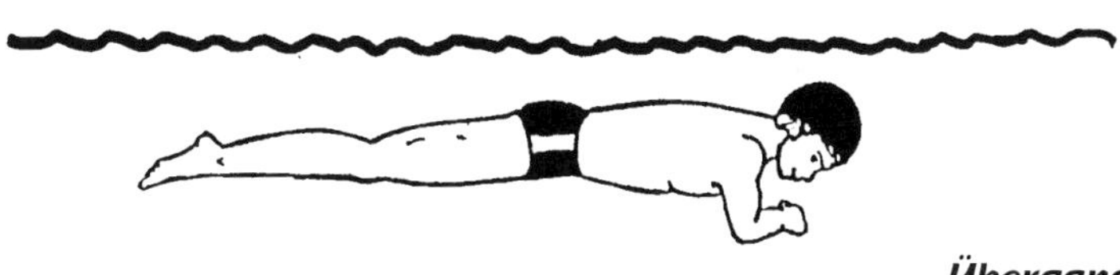

Übergang Schwimmbewegung

- Während der Gleitphase unter Wasser ist der Körper vollkommen gestreckt.
- Der Kopf ist zwischen den Armen.

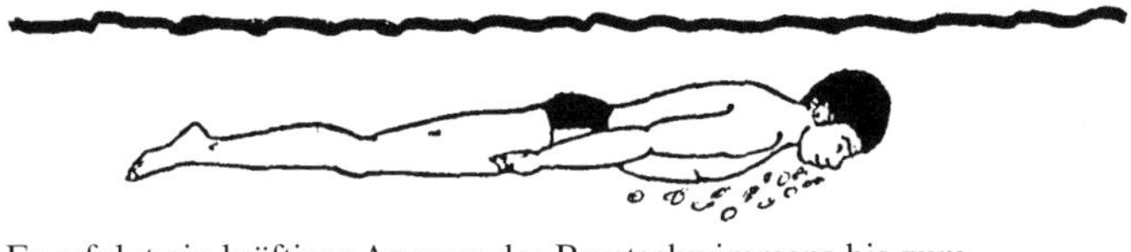

- Es erfolgt ein kräftiger Armzug des Brustschwimmens bis zum Oberschenkel mit einer weiteren Gleitphase.
- Der Körper ist gestreckt.
- Beginn der Ausatmung.

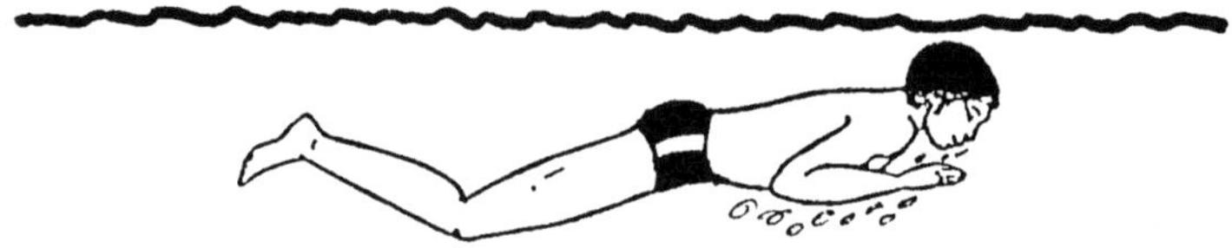

- Mit dem Nachvornstrecken der Arme wird die Beinbewegung des Brustschwimmens eingeleitet.

- Ausatmung.

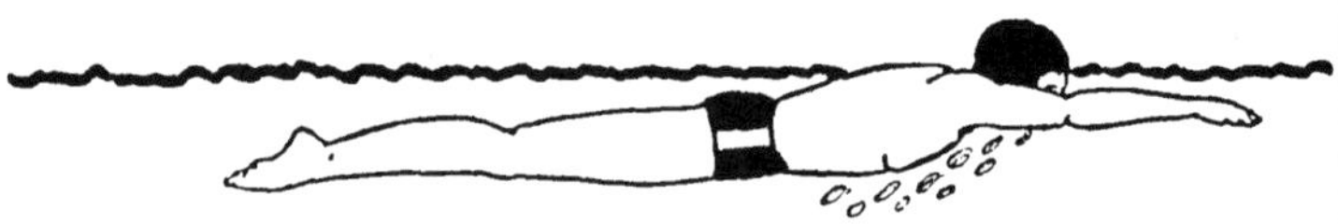

- Mit Beendigung des Beinschlages sind Rumpf, Kopf und Arme in gestreckter Gleitlage.
- Vollständige Ausatmung.

- Beginn der ersten Brustschwimmbewegung mit kräftigem Armeinsatz und gleichzeitigem Anfersen der Füße zum Gesäß.
- Mit der Anhebung des Kopfes erfolgt über der Wasseroberfläche die aktive, tiefe und kurze Einatmung.

B: Grundanforderungen – Startsprung mit Brusttauchzug

Für die Erfassung der Güte „Bewegungsausführung" des Startsprunges mit Tauchzug sind die folgenden ausgewählten Bewegungsmerkmale zu beachten:

Grundanforderungen – Startsprung mit Tauchzug	
👁 **Bewegungsmerkmal**	Punkte
1. Startstellung	
👁 **Sicherer Stand auf dem Startblock, mit nach vorn geneigtem Oberkörper.**	*1*
☞ • Zehen umklammern vordere Kante vom Startblock mit Blick auf die Eintauchstelle!	
2. Absprung	
👁 **Schnellkräftiger Absprung mit schwungvoller Armbewegung nach vorn in die Absprungrichtung.**	*1*
☞ • Abkippen des Körpers nach vorn!	
👁 **Starker Abdruck der Füße vom Startblock und explosives Strecken von Knie- und Hüftgelenk!**	*1*
☞ • Beachtung der Kopfsteuerung!	
👁 **Vollständige Körperstreckung vom Absprung bis zum Eintauchen.**	*1*
☞ • Hände tauchen zuerst ins Wasser!	
3. Übergang Schwimmbewegung	
👁 **Nach kurzer Gleitphase bei völliger Körperstrekkung erst schnellkräftiger Einsatz des Brusttauchzuges.**	*1*
☞ • Gleichmäßige Ausatmung unter Wasser!	
Maximum der Punktbewertung	**5**

(vgl.: DSSV 1985, S. 16i)

! ***Die Beobachtungsergebnisse können mit Hilfe der Punktbewertung registriert und gruppenspezifische sowie individuelle, technikspezifische Mängel besser analysiert werden.***

Tips zur gedanklichen Technikorientierung

● Startsprung ● Gleiten

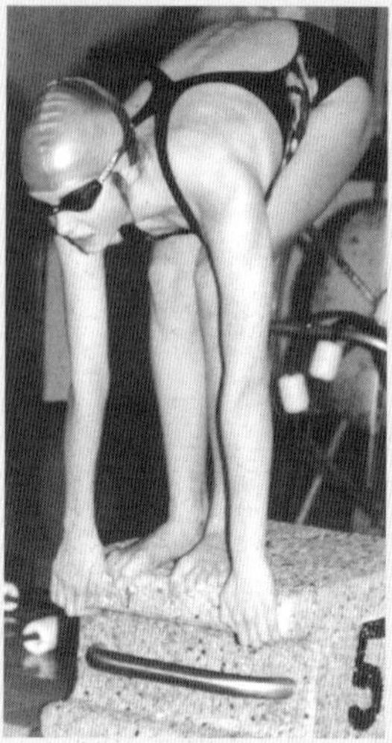

- *Gesäß fest anspannen*
- *Blick zur Eintauchstelle*
- *Körperstreckung vom Absprung bis in die Gleitphase*

- *Gleitphase mit guter Körperstreckung*
- *Kopf zwischen den Armen*

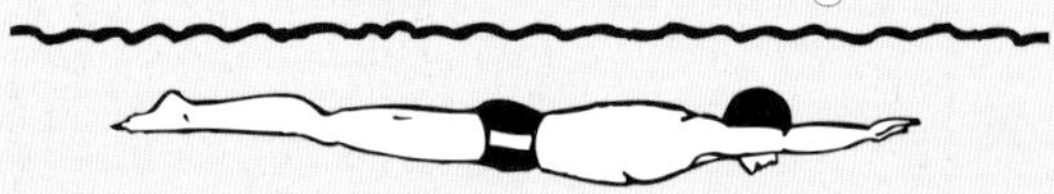

● Tauchzug mit Übergang in die Schwimmbewegung

- *Kraftvoller Armzug*
- *Kraftvoller Abdruck der Beine*
- *Orientierung nach der Wasseroberfläche*

- *Auftauchen mit dem kraftvollen Einsatz des zweiten Armzuges*

C: Lernabfolge – Startsprung mit Tauchzug

In der folgenden Übersicht werden für den Startsprung mit Brusttauchzug Hinweise für die inhaltliche Gestaltung der einzelnen Lernschritte angeboten.

Beachte:
Die numerierte Lernabfolge ist beizubehalten!

➤ Die Reihung der **Teilanforderungen** kann der gruppentypischen Situation angepaßt und variiert werden.

☞ **Zahlreiche Tips** für den Trainer sollen die Trainingspraxis unterstützen. Für das zielgerichtete Lerntraining können zur weiteren Qualifizierung der Schwimmtechnik spezielle Übungsformen im
● Wasser- bzw.
❍ Landtraining
angewendet und durch den Trainer weiterentwickelt werden.

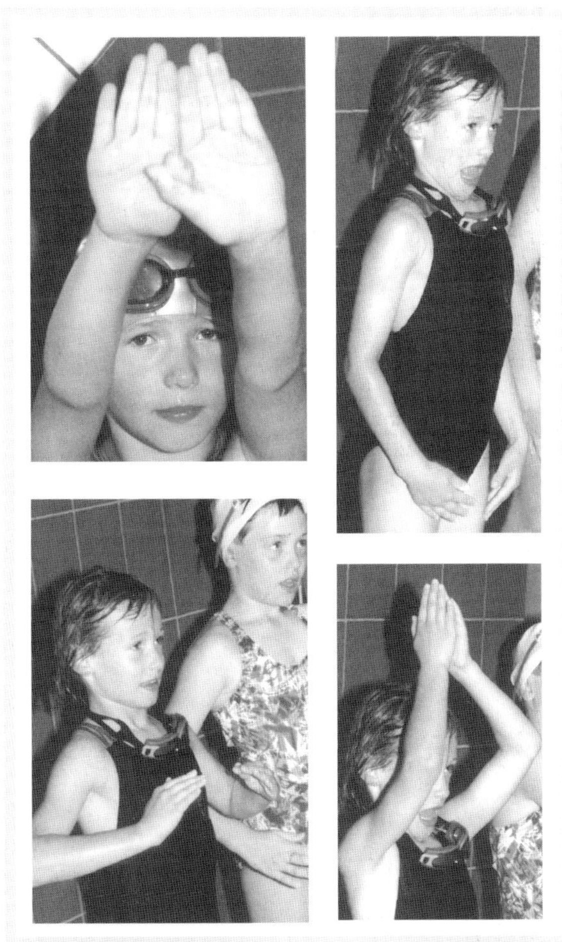

Imitationsübung zur Schulung der Tauchzuges

Lernabfolge mit Fixierung der Technikmerkmale
Startsprung mit Tauchzug

Technikmerkmal
Spezielle Übungen beim ● Wasser- ❍ Landtraining
☞ Tips für den Trainer

Ausgangsstellung

1.

➤ **Sicherer Stand auf dem Startblock**

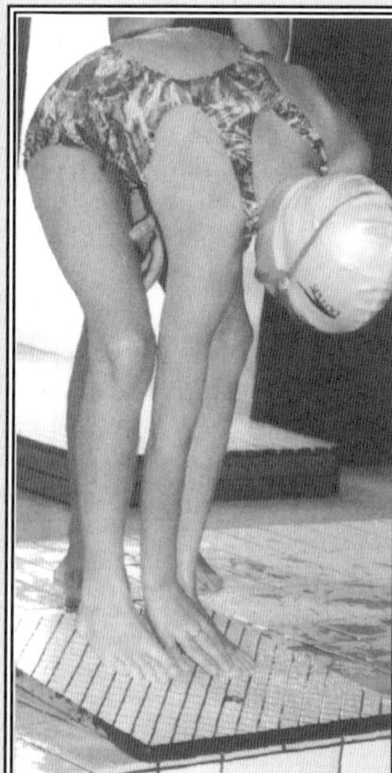

Sicherer Stand der Füße handbreit auseinander

❍ ***Erklären, Demonstrieren*** *und kurzes, aber regelmäßiges* ***Üben*** *der Ausgangsstellung.*

❍ ***Imitationsübungen*** *zur Verinnerlichung des Startablaufes.*

☞ **Oberkörper ist nach vorn geneigt!**

☞ **Die Knie und Hüfte sind entsprechend abgewinkelt!**

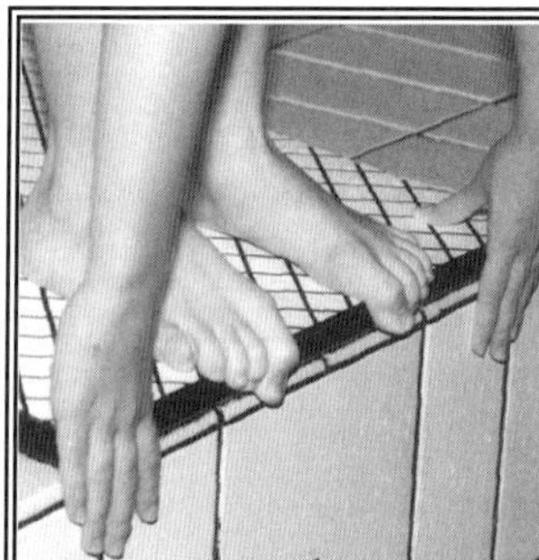

Zehen umklammern die vordere Kante des Startblockes!

Hinweis: **Übungen zur Verbesserung der Bewegungsausführung des Startsprunges mit anschließendem Tauchzug sollten prinzipiell mit Startkommando erfolgen bzw. dem Ablauf des Wettkampfes entsprechen!**

Absprung

2.

➤ **Explosiver Absprung mit schnellkräftigem Armschwung.**

● Kräftiges, explosives Abspringen auf Kommando mit gleichzeitigem, aktiven Armschwung in Sprungrichtung ➟ Bei Beachtung der Körperstreckung und -spannung ➟ Bis ca. 10 m im Wasser in guter Strecklage ausgleiten lassen.
A.-Wdh. (Anzahl der Wiederholung) = 4 bis 6 x, anschließend bis 25 m mit B-Gleitübungen.

❍ *Entwicklung und Verbesserung der **Sprungkraft** in Verbindung mit der **Reaktionsschnelligkeit.***

❍ *Entwicklung der **Körperspannung**.*

➤ **Absprung mit Schulung der Bewegungsrichtung (Absprungwinkel ± 25°).**

❍ ***Imitationsübungen** zur Schulung der explosiven und kraftvollen Bewegungsausführung.*

● Explosiver Absprung auf Kommando mit aktivem Armschwung in Sprungrichtung ➟ Bei Beachtung der Körperstreckung und -spannung ➟ Bis ca. 10 m im Wasser in guter Strecklage ausgleiten lassen.
A.-Wdh. = 2 bis 4 x, anschließend bis 25 m mit B-Gleitübungen.

☞ **Bewußter Absprung in Richtung etwa schräg aufwärts!**
☞ **Bewußter, schnellkräftiger Absprung mit explosiver Streckung im Hüft- und Kniegelenk!**

Idee:

● Übungen zur Schulung des Absprunges, der Absprungrichtung, der Sprungkraft u.a. in Spielform.

Übungen in spielerischer Form zur Schulung der Reaktionsfähigkeit: „Hipp/Hepp/Happ“

Wettbewerb:

- Startsprung auf Kommando mit anschließendem langen Gleiten in der Körperstrecklage bei gleichmäßiger Ausatmung unter Wasser.

☞ Gemessen wird die Weite des Gleitens.

„Wer kann am besten gleiten?“

Flug- und Eintauchphase

3.

➤ **Körperstreckung und -spannung in der Flug- und Gleitphase.**

- Kräftig, explosives Abspringen auf Kommando mit aktivem Armschwung in Sprungrichtung ➞ Gute Körperstreckung und -spannung ➞ Bis ca. 10 m im Wasser in guter Strecklage ausgleiten lassen.

A.-Wdh. = 2 bis 4 x 10-12,5 m, anschließend RGL + BB bis 25 m.

Körper ist vollkommen gestreckt und angespannt von der Flugphase bis zur Beendigung der Gleitphase!

❍ *Übungen zur Verbesserung der **Ganzkörperstreckung und -spannung.***

❍ *Kräftigung und Verbesserung der **Rumpfmuskulatur.***

➤ **Schulung der Bedeutsamkeit von Kopf- und Armsteuerung.**

● Explosives Abspringen auf Kommando mit aktivem Armschwung in Sprungrichtung ➞ Bei Beachtung der Körperstrekkung und -spannung ➞ Bis ca. 10 m im Wasser in guter Strecklage ausgleiten lassen.
A.-Wdh. = 4 bis 6 x 10-12,5 m, anschließend B-Gleitübungen bis 25 m.

☞ **Eintauchen mit den Fingern zuerst!**
☞ **Kopf zwischen Armen!**
☞ **Kopf und Arme steuern betont den gut gestreckten Körper an die Wasseroberfläche!**

● Kräftiges, explosives Abspringen auf Kommando ➞ Aktiver Armschwung in Sprungrichtung ➞ Körperstreckung und -spannung ➞ Bis ca. 10 m im Wasser in guter Strecklage ausgleiten lassen mit sensibilisierenden Übungen der Gleitphase.
A.-Wdh. = 4 bis 6 x 10-12,5 m, anschließend B-Gleitübungen bis 25 m.

● Variieren der Kopf- und Armsteuerung in der Gleitphase:
- **Kopf extrem in den Nacken legen;**
- **Kinn zur Brust bewegen.**
- **Kopf extrem bewegen u.v.m.**

Achtung: ● **Sensibilisierendes Übungsprogramm mit der optimalen Gleitphase abschließen!**

Übergang in die Schwimmbewegung

4.

➤ **Beginn des kraftvollen Tauchzuges der Arme nach der Gleitphase.**

● Kräftiger Absprung → Aktiver Armschwung in Sprungrichtung → Körperstreckung und -spannung → Gleitphase → Kraftvoller Tauchzug der Arme → Bis ca. 12,5 m im Wasser bei guter Körperstreckung ausgleiten lassen.
A.-Wdh. = 3 bis 5 x 12,5-15 m, anschließend B-Gleitübungen bis 25 m.

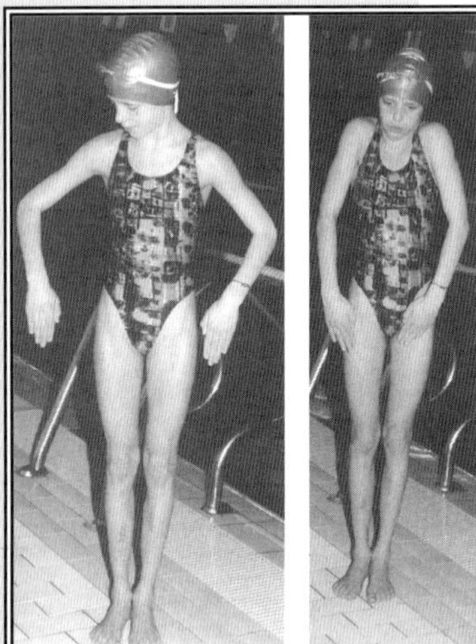

Tauchzug der Arme erfolgt kraftvoll nach außen hinten innen, bis langgestreckt zu den Oberschenkeln!

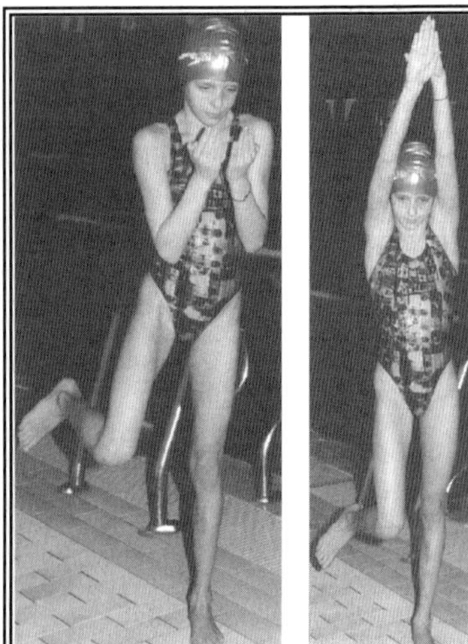

Tauchzug der Arme erfolgt mit geraden Handflächen und geschlossenen Fingern!

➤ **Kraftvoller Tauchzug der Arme mit beginnender gleichmäßiger Ausatmung.**

● Explosives Abspringen → Armschwung in Sprungrichtung → Körperstreckung und -spannung → Gleitphase → Kraftvoller Tauchzug der Arme → Bis ca. 12,5 m im Wasser bei guter Körperstreckung ausgleiten lassen.
A.-Wdh. = 2 bis 4 x 10-15 m, anschließend B-Gleitübungen bis 25 m.

☞ **Mit Beginn des Tauchzuges der Arme erfolgt die gleichmäßige Ausatmung!**

➤ **Kraftvoller Tauchzug der Arme mit Übergang zum Brustschwimmen.**

(Erste) intensive Einatmung nach dem Tauchzug

- Absprung ➞ Armschwung in Sprungrichtung ➞ Körperstreckung und -spannung ➞ Gleitphase ➞ Kraftvoller Tauchzug der Arme ➞ Kurze Gleitphase ➞ Gleichzeitiges Anfersen der Beine zur Vorbereitung des schnellkräftigen Brustbeinschlags nach hinten außen ➞ Nachvornbringen der Arme bis zur vollständigen Arm- und Körperstreckung ➞ Vollständige Ausatmung ➞ Beginn der ersten, sehr kräftigen Brustgesamtbewegung über Wasser ➞ Einatmung ➞ Fortsetzung des Brustschwimmens bis ca. 20 m. **A.-Wdh.** = 2 bis 6 x 15-20 m, anschließend RGL + BB bis 25 m.

☞ **Beachtung der Koordination des Tauchzuges!**

☞ **Gleichmäßige und vollständige Ausatmung unter Wasser!**

☞ **Erste B-Gesamtbewegung über Wasser mit Auftauchen des Kopfes!**

Beachte:
Kopf- und Armsteuerung beim Tauchzug! Keinen ruckartigen Übergang zur Gesamtbewegung vornehmen!

Idee:
Brusttauchzug mit langem Gleiten.

- Kräftiges, explosives Abspringen mit gleichzeitigem, aktiven Armschwung in Sprungrichtung ➞ Beachtung der Körperstreckung und -spannung ➞ Gleitphase ➞ Einen kraftvollen Tauchzug unter Wasser ➞ Ausgleiten.

☞ **Beachtung der technischen Perfektion des Tauchzuges!**

Wettbewerb: **„Wer kann mit einem Tauchzug am weitesten gleiten?"**

Idee: **Brusttauchzug mit anschließenden drei Brustgesamtbewegungen.**

- Explosives Abspringen mit aktivem Armschwung in Sprungrichtung bei Beachtung der Körperstreckung und -spannung ➞ Gleitphase ➞ Einen kraftvollen Tauchzug unter Wasser ➞ 3 Züge Gesamtbewegung-Brustschwimmen.

☞ **Beachtung des kraftvollen Tauchzuges mit seinen Gleitphasen und schnell-explosivem Brustschwimmen!**

Wettbewerb: **„Wer ist der schnellste Brustschwimmer bei 20 m?"**

(in Anlehnung an **Schramm, E.** 1987, S. 224 - 226)

Tips zum Lern-Techniktraining

A: Standard-Startsprung mit Tauchzug

Übungsdauer: ±15 Minuten.

A.-Wdh./ Streckenumfang: 4-8 x 50 bis 100 m Brustschwimmen und Schwimmkombination.

Intensität: I. Abschnitt der Technikanforderung in **maximaler Schnelligkeit** (Sprint) mit einer **Belastungsdauer:** ± 10", bzw. 12,5 bis 15 m Streckenlänge.
II. Abschnitt relativ **langsam in Schwimmkombination**.

Aktive Pause: 2 bis 3 Minuten entspanntes Lockerschwimmen bei Beachtung gleichmäßiger Ausatmung.

Idee: B-Gleiten mit gleichmäßiger, langer Ausatmung.

● Empfehlung zur Organisation

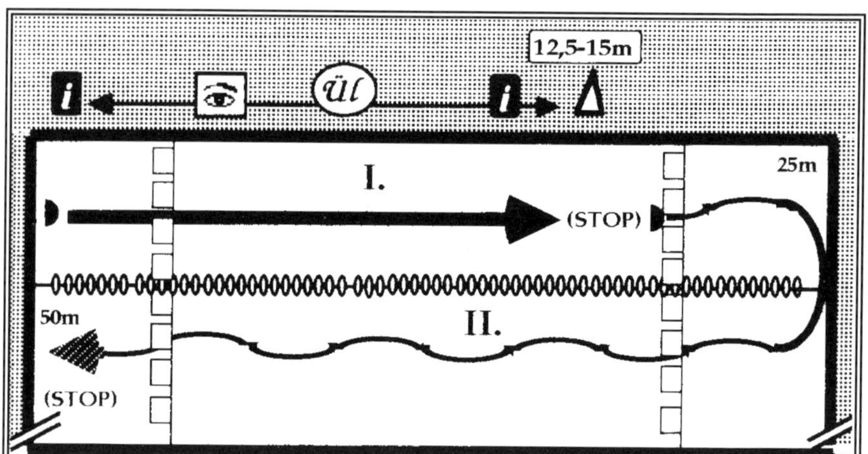

LEGENDE:
i Informationsgebung Ül Standort Beobachtungsbereich I. Abschnitt
≈▶ II. Abschnitt

- **I. Abschnitt:**
  Aus der Ausgangsstellung ➡ Kraftvoller Absprung auf Kommando ➡ Flugphase ➡ Gleitphase ➡ Kraftvoller TZ unter Wasser ➡ Beginn der Gesamtbewegung mit Auftauchen des Kopfes, mit hohem Tempo fortsetzen bis zur festgelegten Markierung ➡ [Stop], Informationshinweise vom ÜL/T/L.

- **II. Abschnitt:**
  Lockerschwimmen bis zur folgenden festgelegten Markierung ➡ [Stop], Kommando vom ÜL/T/L.

☞ • **Auf den kraftvollen Tauchzug achten!**
☞ • **Gleitphase beachten!**
☞ • **Gleichmäßige Ausatmung unter Wasser!**

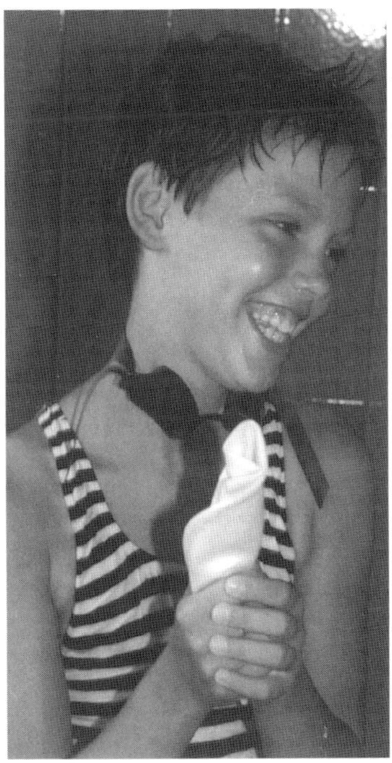

„Mit Deinem Tauchzug bist Du heute die Tagessiegerin!"

B: Kombination Start – Abstoß

Übungsdauer: ±15 Minuten.

A.-Wdh./ Streckenumfang: 4-8 x 100 bis 300 m (richtet sich nach der Anforderung und der Gruppenstärke.

Intensität: I. + III. Abschnitt der Technikanforderung in **maximaler Schnelligkeit** (Sprint) mit einer

Belastungsdauer: ± 10", bzw.10 bis 12,5 m Streckenlänge der Technikanforderung.
III. + IV. Abschnitt relativ **langsam in Schwimmkombination.**

Aktive Pause: 2 bis 3 Minuten mit Lockerschwimmen.

Idee: RGL + BB mit gleichmäßig langen Armzügen und kraftvollem Beinschlag mit relativ langer Gleitphase.

● Empfehlung zur Organisation

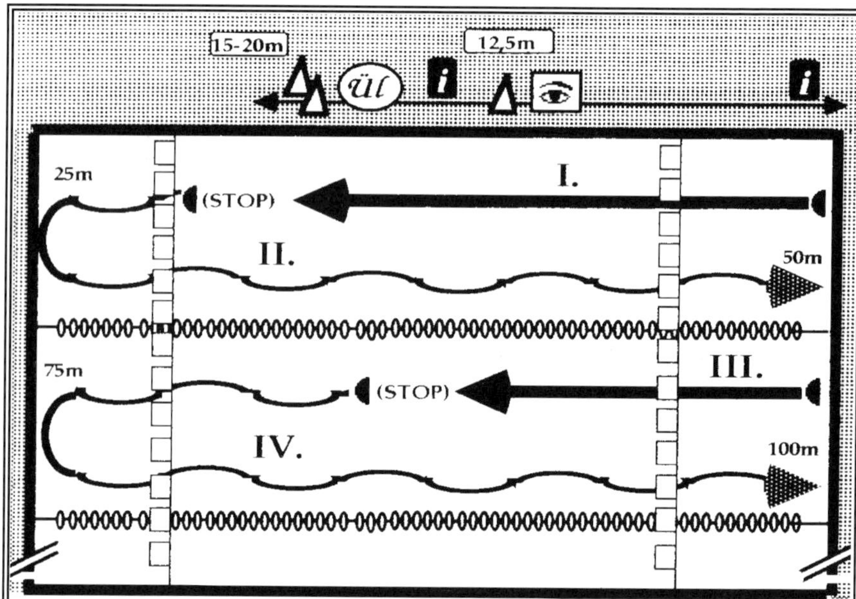

LEGENDE:

i Informationsgebung ∞ Schwimmleine *Ül* Standort ◉ Beobachtungsbereich // Begrenzungsfähnchen (5 m vor der Wand) ◀ I. + III. Abschnitt ≈▸ II. + IV. Abschnitt

- **I. Abschnitt:**
  Aus der Ausgangsstellung ➞ Kraftvoller Absprung auf Kommando ➞ Flugphase ➞ Gleitphase ➞ Kraftvoller TZ unter Wasser ➞ Beginn der Gesamtbewegung mit Auftauchen des Kopfes, mit hohem Tempo fortsetzen bis zur festgelegten Markierung ➞ [Stop], Informationshinweise vom ÜL/T/L.

- **II. Abschnitt:**
  Lockerschwimmen bis zur folgenden festgelegten Markierung ➞ [Stop].

- **III. Abschnitt:**
  Aus der Abstoßstellung ➞ Kraftvoller Abstoß unter Wasser ➞ Gleitphase in guter Körperstrecklage ➞ Kraftvoller TZ unter Wasser ➞ Beginn der Gesamtbewegung mit Auftauchen des Kopfes, mit hohem Tempo fortsetzen bis zur festgelegten Markierung ➞ [Stop], Informationshinweise vom ÜL/T/L.

- **IV. Abschnitt:**
  Lockerschwimmen bis zur folgenden festgelegten Markierung ➞ [Stop].

Beachte:

Hinweise zum technikorientierten Lerntraining nur auf eine Bewegungsaufgabe beschränken!

☞ Der Lern-/Merkeffekt kann mit parallelen Technikhinweisen erhöht werden wie:
„Betont kraftvollen Tauchzug üben!“
„Mit hohem Tempo die ersten drei Armzüge nach dem Auftauchen beginnen!“

☞ Gruppenspezifische Technikhinweise geben!

! Das Start-Abstoß-Techniktraining in der Mitte der Bahn und nicht im „Rechtsverkehr“ üben.

C: Kombination Startübungen im Ausdauertraining

- **Zum Beginn der Ausdauerserie wird mit Startsprung auf Kommando die festgelegte Sprintdistanz in maximaler Schnelligkeit zurückgelegt. Die erforderliche Schwimmdistanz in mittlerer (Ausdauer)-Intensität wird fortgesetzt bis zur Beendigung der Teilstrecke.**

Übungsdauer:
Eingefügt im Training des Ausdauerprogrammes = **15-45 Minuten**.

A.-Wdh./ Streckenumfang:
6-12 x 100 bis 400 m eingeordnet in die Ausdauer - Teilstreckenlänge (TSL).

Intensität:
I. Abschnitt der Technikanforderung in **maximaler Schnelligkeit (Sprint)** mit einer
Belastungsdauer:
± 10", bzw.12,5 -15 m Streckenlänge,
II. Abschnitt in der geforderten Intensität der Ausdauerserie.

Pause:
Entsprechend der Serienanforderung = 10"-1'.

☞ **Maximal ein geplantes technisches Merkmal im Sprintabschnitt abverlangen!**

☞ **Gruppenspezifische und individuelle Hinweise mittels „Zeichensprache“ durch Handbewegungen den Sportlern mitteilen!**

Zeichensprache: „Schultern gut anheben beim Tauchzug.“

2.4

Wende Brustschwimmen

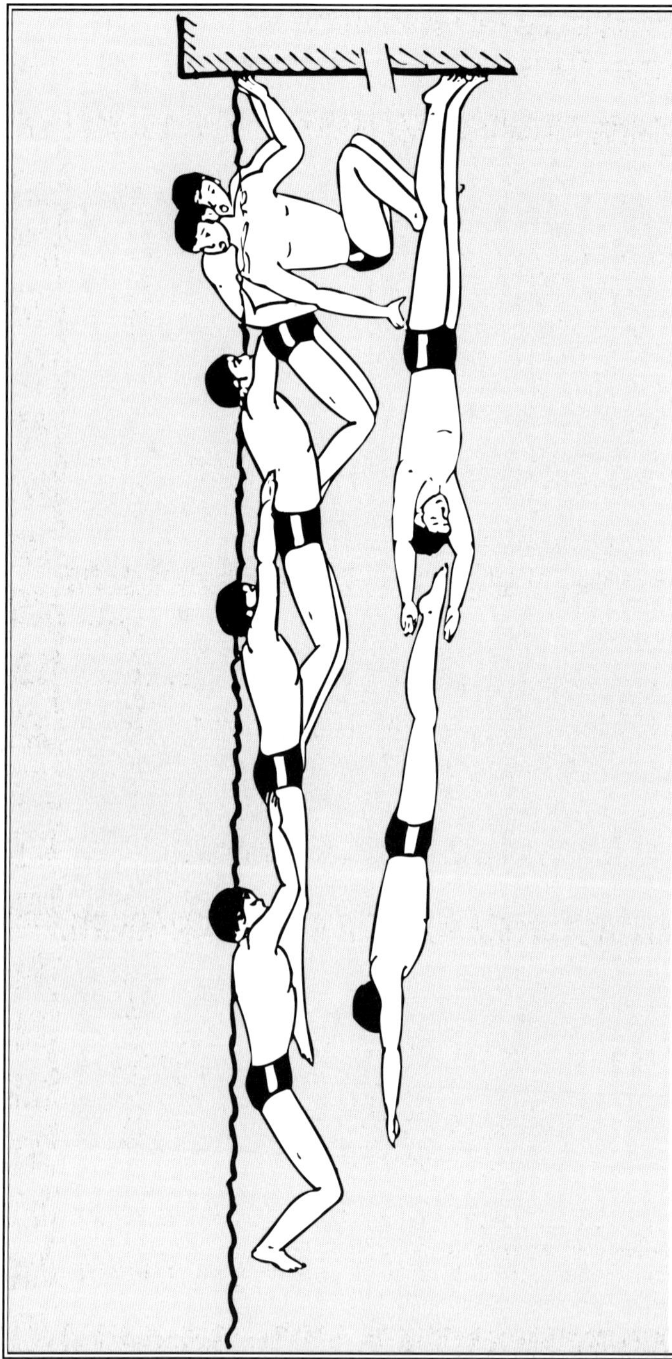

Aufgabenstellung:
Richtungsumkehr an der Wendenwand
mit einer Wendengeschwindigkeit,
die größer als die Schwimmgeschwindigkeit sein muß.

A: Technikschwerpunkte – Wende Brustschwimmen (hohe, seitliche Wende)

Anschwimmen

- Vororientierung an der Wendenwand ohne Beeinträchtigung des Schwimmrhythmus mit der Vorbereitung, daß mit der Streckphase die Wand erreicht wird.
- Anschwimmen mit voller Geschwindigkeit.

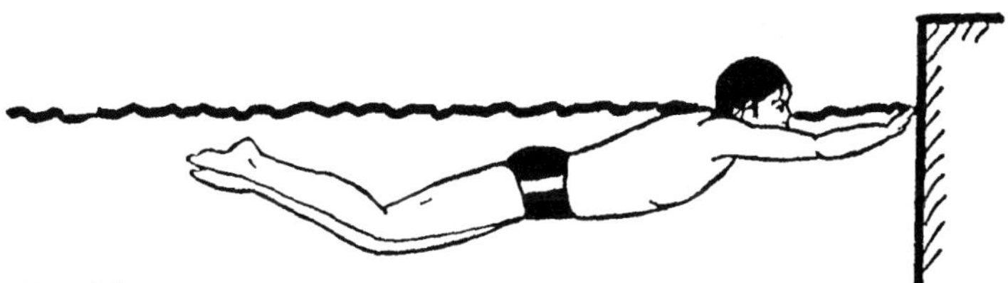

Anschlag

- Beide Hände schlagen gleichzeitig und leicht gebeugt in Höhe der Wasseroberfläche an.

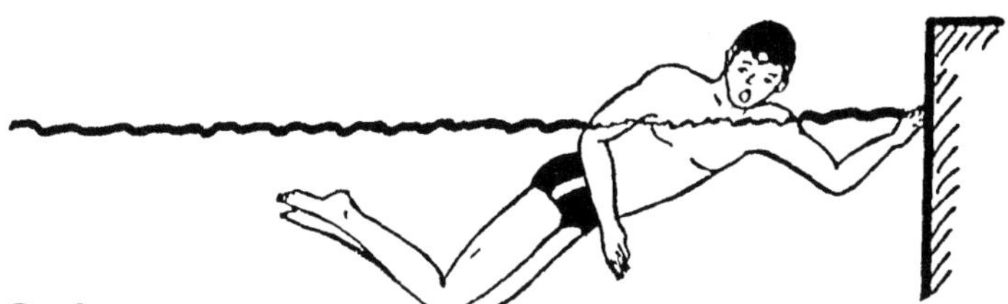

Drehung

- Abdruck und Lösen der einen Hand von der Wand mit aktiver Drehung des Kopfes und des Oberkörpers in die neue Schwimmrichtung.
- Die andere Hand unterstützt durch den Druck gegen die Wand die Drehung des Körpers.

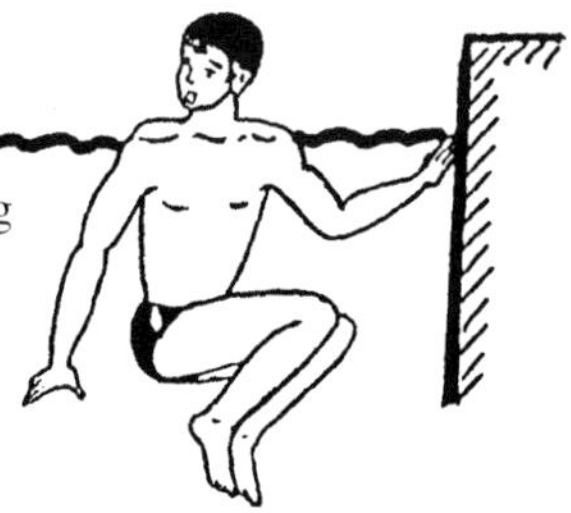

- Die Beine werden gleichzeitig schnellkräftig zur Wand und in Drehrichtung gehockt.
- Drehrichtung an der Wasseroberfläche.
- Einatmen während der Drehung.
- Vergrößerung der Drehgeschwindigkeit durch aktiven Abdruck der zweiten Hand von der Wand und seitliches Abkippen des Oberkörpers in die neue Schwimmrichtung.

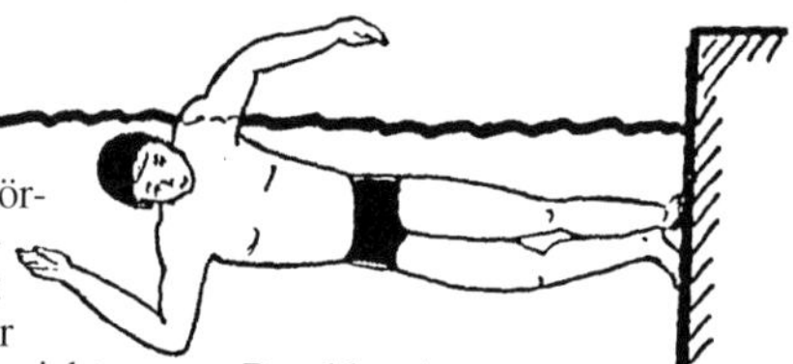

- Der eine Arm wird dicht am Körper nach vorn gebracht, gleichzeitig wird der andere Arm mit dem Abdruck der Hand von der Wand über Wasser in Schwimmrichtung zur Beschleunigung der Drehung nach vorn geschwungen.
- Einnehmen einer sicheren Abstoßstellung beider Füße unter der Wasseroberfläche, Hüft- und Kniegelenk sind gebeugt.

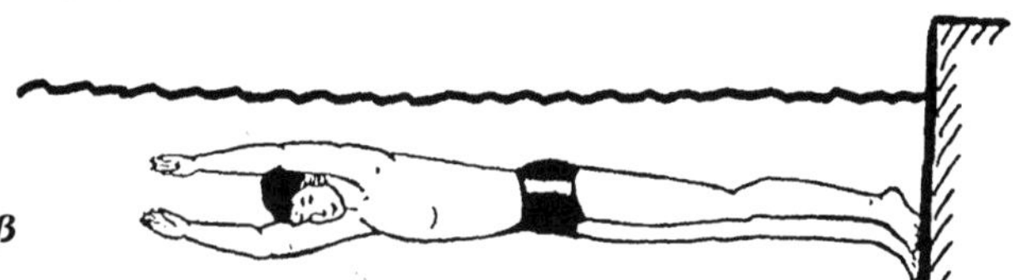

Abstoß

- Kraftvoller Abstoß mit beiden Beinen und vollständige Drehung in die Brustlage.
- Vollständige Körperstreckung, Kopf zwischen den gestreckten und geschlossenen Armen.

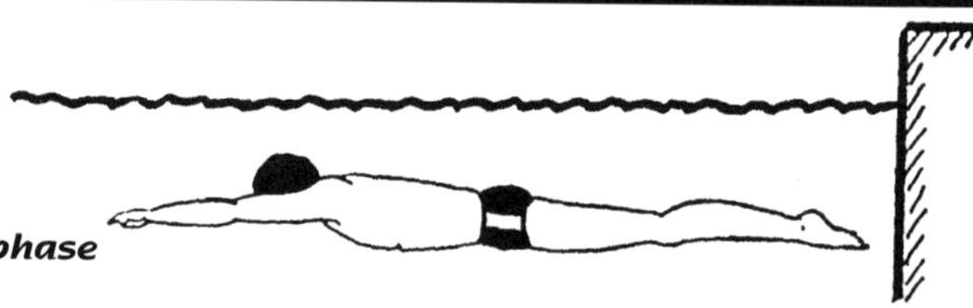

Gleitphase

- Gleiten unter Wasser, bis die Gleitgeschwindigkeit der Schwimmgeschwindigkeit entspricht.
- Vollständige Körperstrecklage, der Kopf ist zwischen den Armen.

Es erfolgt ein Brusttauchzug unter Wasser:
- Kraftvoller Armzug des Brustschwimmers bis zum Oberschenkel.
- Kurze Gleitphase.
- Beginn der Ausatmung.

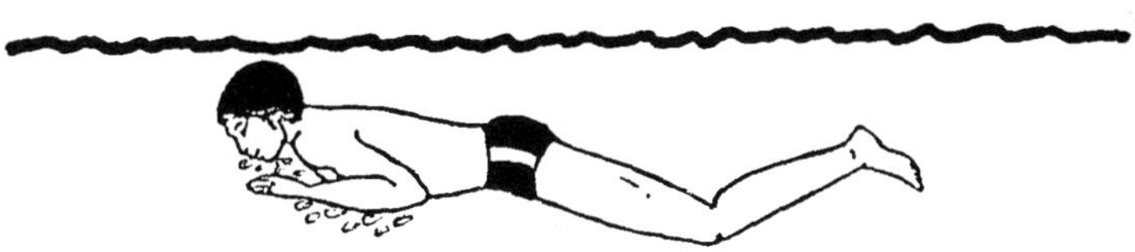

- Mit dem Nachvornstrecken der Arme wird die Beinbewegung des Brustschwimmens eingeleitet.
- Ausatmung.

- Ausatmung.

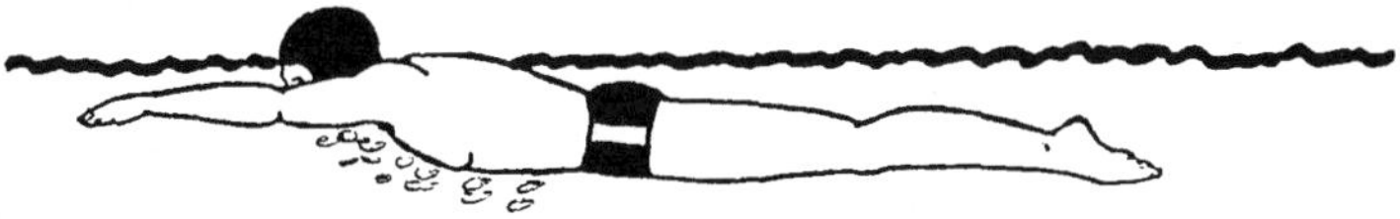

- Mit Beendigung des Beinschlages sind Rumpf, Kopf und Arme in gestreckter Gleitlage.
- Vollständige Ausatmung.
- Der folgende Armzug, Anheben des Kopfes und Anfersen der Beine für den folgenden Beinschlag, bringen den Körper zur Wasseroberfläche.

B: Grundanforderungen – Wende Brustschwimmen (hohe, seitliche Wende)

Für die Erfassung der Güte „Bewegungsausführung“ der hohen, seitlichen Wende im Brustschwimmen sind die folgenden ausgewählten Bewegungsmerkmale zu beachten:

Grundanforderungen – Wende Brustschwimmen	
Bewegungsmerkmal	Punkte
1. Anschwimmen	
Vororientierung und Anschwimmen mit voller Geschwindigkeit.	*1*
• Anschwimmen ohne Abbremsen oder Angleiten!	
2. Anschlag und Drehung	
Anschlag mit beiden Händen gleichzeitig.	*1*
• Konsequente Beachtung der Kopfsteuerung beim Anschlag und der Drehung!	
Aufrichten des Oberkörpers mit gleichzeitiger, aktiver Drehung des Kopfes in die neue Schwimmrichtung.	*1*
• Ein Arm wird über Wasser aktiv in die neue Schwimmrichtung geschwungen!	
3. Übergang Schwimmbewegung	
Schnellkräftiger Abstoß unter Wasser und horizontal bis zur völligen Körperstreckung.	*1*
• Kopf ist zwischen den Armen!	
Nach der Gleitphase bei völliger Körperstreckung schnellkräftiger Einsatz des Tauchzuges.	*1*
Vollständige Ausatmung unter Wasser.	
• Kopfsteuerung beachten!	
Maximum der Punktbewertung	***5***

(vgl.: DSSV 1985, S. 16i)

***!** Die Beobachtungsergebnisse können mit Hilfe der Punktbewertung registriert und gruppenspezifische sowie individuelle, technikspezifische Mängel besser analysiert werden.*

Tips zur gedanklichen Technikorientierung

● Anschlag und Drehung

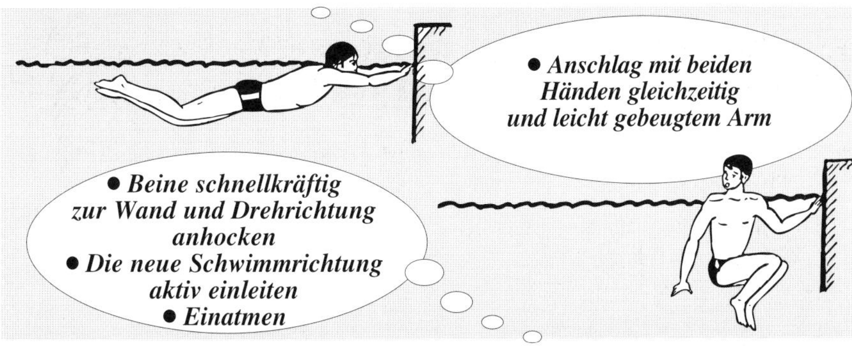

● Abstoß

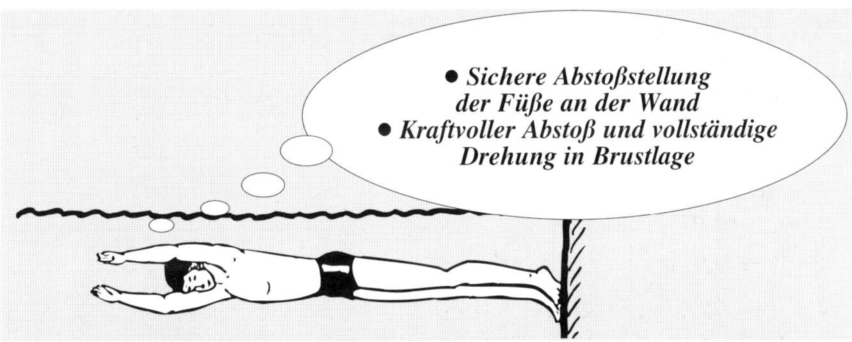

● Übergang in die Schwimmbewegung

C: Lernabfolge – Wende Brustschwimmen (hohe, seitliche Wende)

In der folgenden Übersicht werden für die Wende Brustschwimmen (hohe, seitliche Wende) Hinweise für die inhaltliche Gestaltung der einzelnen Lernschritte angeboten.

Beachte:
Die numerierte Lernabfolge ist beizubehalten!

➤ Die Reihung der **Teilanforderungen** kann der gruppentypischen Situation angepaßt und variiert werden.

☞ **Zahlreiche Tips** für den Trainer sollen die Trainingspraxis unterstützen. Für das zielgerichtete Lerntraining können zur weiteren Qualifizierung der Schwimmtechnik spezielle Übungsformen im ● **Wasser-** bzw. ❍ **Landtraining** angewendet und durch den Trainer weiterentwickelt werden.

Lernabfolge mit Fixierung der Technikmerkmale
Hohe, seitliche Brustwende

Technikmerkmal

Spezielle Übungen beim ● Wasser- ❍ Landtraining

☞ Tips für den Trainer

Abstoßübungen in Brustlage

1.

➤ **Sichere Abstoßstellung an der Wand (Flachwasser).**

❍ ***Imitationsübungen*** *zur Verinnerlichung des Abstoßes.*

❍ ***Erklären, Demonstrieren*** *und kurzes, aber regelmäßiges* ***Üben*** *der Abstoßstellung im Flachwasser.*

☞ **Sichere Fußstellung unter Wasser an der Wand!**

Imitationsübungen zur Verinnerlichung der Abstoßstellung

➤ **Kraftvolle Abstöße unter Wasser mit explosiver Körperstreckung (Flachwasser).**

● Kraftvoller Abstoß mit waagerechter Lage des Oberkörpers unter der Wasseroberfläche ➞ Explosive Körperstreckung ➞ Kopf ist zwischen den langgestreckten Armen ➞ Ausgleiten bis etwa 8 m. **A.-Wdh. (Anzahl der Wiederholung)** = 2 bis 4 x 8 m-12,5 m, anschließend bis 25 m mit B-Gleitübungen.

☞ **Arme sind gestreckt!**

☞ **Kopf bleibt zwischen den Armen!**

- *Entwicklung und Verbesserung der **Sprungkraft** in Verbindung mit der Körperspannung.*
- ***Imitationsübungen** zur Schulung der explosiven und kraftvollen Bewegungsausführung.*

Hinweis:

- Übungen zur **Sensibilisierung** von extremen Abweichungen vom Technik-Leitbild zur Verbesserung des optimalen Abstoßes in Brustlage.

- Abstoß ➞ Explosive Körperstreckung ➞ Kopf ist zwischen den langgestreckten Armen ➞ Bis ca. 8 m unter der Wasseroberfläche in guter Strecklage ausgleiten lassen mit **sensibilisierenden Übungen** der Abstoßrichtung mit anschließender Gleitphase.
  A.-Wdh. = 1 bis 2 x 8-10 m, anschließend B-Gleitübungen bis 25 m.

Kopf ist zwischen den langgestreckten Armen

- Variieren der Kopf- und Armsteuerung in der Gleitphase:
  - **Anheben des Kopfes in der Gleitphase**
  - **Senken des Kopfes in der Gleitphase**
  - **Abstoß mit weit geöffneten Armen**
  - **Anstellen beider Füße in der Gleitphase**

  u.v.m.

Achtung: **Sensibilisierendes Übungsprogramm mit dem optimalen Abstoß und anschließender Gleitphase abschließen.**

Wettbewerb:

- Kraftvoller Abstoß mit waagerechter Lage des Oberkörpers unter der Wasseroberfläche ➞ Explosive Körperstreckung ➞ Kopf ist zwischen den langgestreckten Armen ➞ Bis ca. 8 m unter der Wasseroberfläche in guter Strecklage ausgleiten lassen

☞ **Gemessen wird die Weite des Gleitens. „Wer kann am besten gleiten?“**

Idee **Spielerische Übungsformen** zur Schulung des Abstoßes, Gleitens und der Orientierungsfähigkeit:

Auf gute Arm- und Körperstreckung achten

- Abstoß → Explosive Körperstreckung → Kopf ist zwischen den langgestreckten Armen → **Nach, unter und durch Geräte.**
  A.-Wdh. = 1 bis 2 x 8-12,5 m, anschließend B-Gleitübungen bis 25 m.

☞ **Auf gute Armstreckung achten!**

- Kraftvoller Abstoß → Explosive Körperstreckung → Auf den Bassingrund abgleiten bei gleichmäßiger Ausatmung (maximal 2,5 m Tiefe) → Bei anschließendem Auftauchen mit einem Tauchzug.
  A.-Wdh. = 1 bis 2 x.

☞ **Gleichmäßige und vollständige Ausatmung!**

- Kraftvoller Abstoß → Körperstreckung → In die Rückenlage drehen → Gleiten → In die Brustlage drehen usw. → Bis etwa 8 m.
  A.-Wdh. = 1 bis 2 x 8-10 m, anschließend B-Gleitübungen bis 25 m.

☞ **Arm- und Körperstreckung!**

Anschwimmen und Drehung

2. ➤ **Anschwimmen mit Vororientierung und Anschlag.**

- Ca. 10-12 m vor der Wand schnell anschwimmen, das Anschwimmtempo muß dem Wettkampftempo entsprechen → Vororientierung an der Wendenwand → Anschlag.
  A.-Wdh. = 2 bis 4 x 10-12 m, anschließend aus dem Abstoß BTZ und Gleiten bis zur 12,5 m Ausgangsstellung.

☞ **Nicht abbremsen oder angleiten!**

☞ **Hände gleichzeitig in Höhe der Wasseroberfläche anschlagen!**

☞ **Finger zeigen in die Drehrichtung!**

☞ **Anschlag mit leicht gebeugten Armen!**

➤ **Anschwimmen und Drehung.**

Explosive Drehung

- 10-12 m vor der Wand bei hohem Anschwimmtempo ➞ Vororientierung an der Wendenwand ➞ Anschlag ➞ Drehung ➞ Aktiver Kopfeinsatz in die neue Schwimmrichtung ➞ Aktives Anhocken der Beine unter Wasser zur Wendenwand ➞ Einatmung ➞ Kraftvoller Abdruck der Hände von der Wand weg ➞ Sicherer Halt der Füße an der Wendenwand [STOP]. **A.-Wdh.** = 3 bis 5 x 10-12 m, anschließend aus dem Abstoß BTZ und Gleiten bis zur 12,5 m Ausgangsstellung.

☞ **Aktiver Kopfeinsatz mit Blick in die neue Schwimmrichtung!**
☞ **Explosives Anhocken der Knie in Drehrichtung!**

❍ *Entwicklung und Verbesserung der **Orientierungsfähigkeit:***
- Spielerische Laufübungen mit schnellen Drehungen auf Kommando mit und ohne aktiven Kopfeinsatz.
- Spiele mit schnellen Drehungen um die Körperlängsachse, z.B.:

Idee **„Schwarz-Weiß“, „Komm mit, lauf weg“ u.a.**

Drehung und Abstoß

3.

➤ **Drehung mit seitlichem Abkippen des Oberkörpers.**

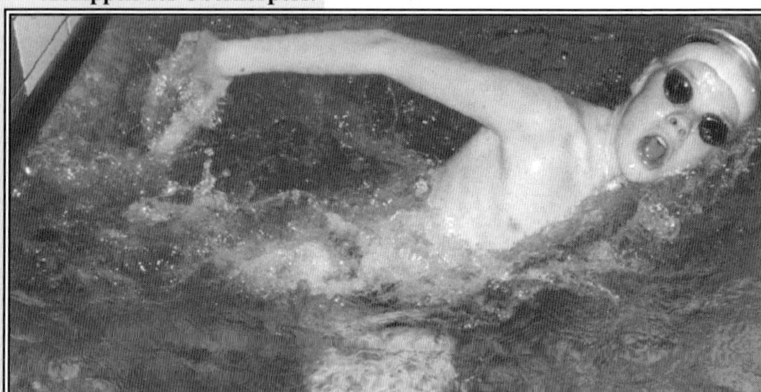

Drehung mit schwungvollem Armeinsatz über Wasser

- 6-8 m vor der Wand anschwimmen ➞ Vororientierung ➞ Anschlag ➞ Drehung mit ➞ Kraftvoller Abdruck der Hände in Drehrichtung ➞ Explosives Anhocken der Knie unter Wasser zur Wendenwand ➞ Aktiver Kopfeinsatz ➞ Seitliches Abkippen des Oberkörpers ➞ Schnelles und schwungvolles Vorschwingen des einen Armes über Wasser in die Schwimmrichtung ➞ Einatmung ➞ Sicherer Halt der Füße an der Wendenwand ➞ Abstoß ➞ Gleiten bis etwa 8 m.
  A.-Wdh. = 2 bis 4 x 15-20 m, anschließend B-Gleitübungen bis 50 m zur Ausgangsstellung zurück.

☞ **Explosives Anhocken der Knie im richtigen Moment einsetzen!**
☞ **Schwungvoller Armeinsatz über Wasser während der Drehung!**

❍ *Übungen zur Verbesserung und Kräftigung der **Bauchmuskulatur.***

❍ *Übungen zur Verbesserung der **koordinativen Voraussetzungen** wie der **Kopplungs- und Orientierungsfähigkeit.***

4. Abstoß und Übergang in die Schwimmbewegung

➤ **Abstoß – Gleiten.**

Imitationsübungen – Abstoß mit Körperspannung

- 8-10 m vor der Wand im Wettkampftempo anschwimmen ➞ Anschlag ➞ Drehung ➞ Abdruck der Hände in Drehrichtung ➞ Anhocken der Knie unter Wasser zur Wendenwand ➞ Aktiver Kopfeinsatz ➞ Seitliches Abkippen des Oberkörpers ➞ Schwungvolles Vorschwingen des einen Armes über Wasser in die Schwimmrichtung ➞ Einatmung ➞ Schnellkräftiger Abstoß ➞ Ausgleiten bei völliger Körperstreckung ➞ Gleichmäßige und vollständige Ausatmung.
  A.-Wdh. = 2 bis 3 x 12,5-15 m, anschließend B-Gleitübungen bis 50 m zur Ausgangsstellung zurück.

☞ **Abstoß in waagerechter Körperlage bis zur vollständigen Körperstreckung!**

- *Entwicklung und Verbesserung der **Sprungkraft**.*
- *Entwicklung der **Körperspannung.***
- ***Imitationsübungen** zur Schulung der explosiven und kraftvollen Bewegungsausführung.*

➤ **Kraftvoller Tauchzug mit gleichmäßiger Ausatmung.**

- 6-8 m vor der Wand im Wettkampftempo anschwimmen ➞ Anschlag ➞ Drehung ➞ Einatmung ➞ Schnellkräftiger Abstoß ➞ Kurze Gleitphase ➞ kraftvoller Tauchzug ➞ Bis ca. 10 m unter der Wasseroberfläche bei guter Körperstreckung ausgleiten lassen.

  A.-Wdh. = 2 bis 3 x 12,5-20 m, anschließend B-Gleitübungen bis 50 m zur Ausgangsstellung zurück.

☞ **Mit Beginn des Tauchzuges der Arme erfolgt die gleichmäßige Ausatmung!**

➤ **Übergang in die Schwimmbewegung.**

- 6-8 m vor der Wand im Wettkampftempo anschwimmen ➞ Anschlag ➞ Explosive Drehung ➞ Abstoß mit gut gestreckten Armen und Kopf dazwischen ➞ Gleiten bei völliger Körperstreckung ➞ Ausatmung ➞ Kraftvoller Tauchzug unter Wasser ➞ Mit Auftauchen des Kopfes Übergang zur Gesamtbewegung ➞ Mit hohen Tempo bis 10 m schwimmen.

  A.-Wdh. = 2 bis 4 x 12,5-20 m, anschließend B-Gleitübungen bis 50 m zur Ausgangsstellung zurück.

Übung zur kraftvollen Ausführung des TZ

Stützen aus dem Wasser mit beiden Armen gleichzeitig

☞ **Vollständige Drehung in die Brustlage nach Verlassen der Wand!**

☞ **Beachtung der Koordination des Tauchzuges!**

☞ **Kopf- und Armsteuerung bei der Drehung und Übergang zur Schwimmbewegung beachten!**

☞ **Fließende Übergänge zwischen den einzelnen Teilbewegungen!**

Wettbewerb:

- 5 m vor der Wand im Wettkampftempo anschwimmen → Wende → Kurzes Gleiten → Tauchzug → Brustschwimmen bis 10 m.
  A.-Wdh. = 2 bis 4 x 15-20 m, anschließend B-Gleitübungen bis 50 m zur Ausgangsstellung zurück.

☞ **Gemessen wird die Zeit mit „Kopfdurchlauf".**
„Wer ist der schnellste und technisch perfekte Wendenschwimmer im Brustschwimmen?"

!

Beachte: **Jedes Wendentraining muß mit hoher Konzentration, Bewußtheit sowie mit anzustrebender Perfektion der einzelnen Phasen geübt werden!**

(in Anlehnung an **Schramm, E.** 1987, S. 222 / 231-232)

Tips zum Lern-Techniktraining

A: Standard-Brustwende

Übungsdauer: ±15 Minuten.

A.-Wdh./ Streckenumfang: 8-12 x 100 bis 150 m (richtet sich nach der Anforderung und Gruppenstärke).

Intensität: I. Abschnitt der Technikanforderung in **maximaler Schnelligkeit (Sprint)**

Belastungsdauer: ± 10", bzw. 5 bis 8 m Streckenlänge vor und nach der Wende mit der entsprechenden Technikanforderung.

Aktive Pause: II. Abschnitt
2 bis 3 Minuten mit entspanntes, lockeres **Pausenschwimmen** bei gleichmäßigem Aus- und kurzem Einatmen.

Idee: B-Gleitübung mit langgestreckten Armzügen und kraftvollem Beinschlag bei relativ langer Gleitphase.

● Empfehlung zur Organisation

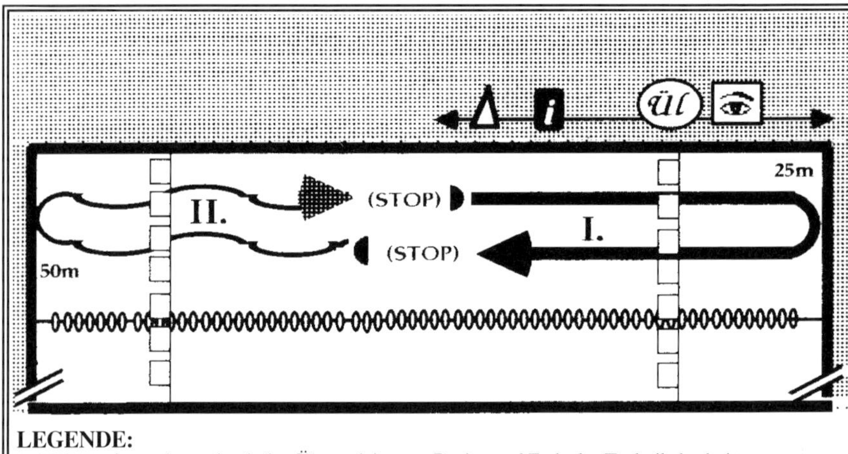

LEGENDE:
i Informationsgebung durch den Übungsleiter am Beginn und Ende des Technikabschnittes
0000 Schwimmleine Ül Standort Beobachtungsbereich /// Begrenzungsfähnchen (5 m vor der Wand) I. Abschnitt ≈▶ II. Abschnitt

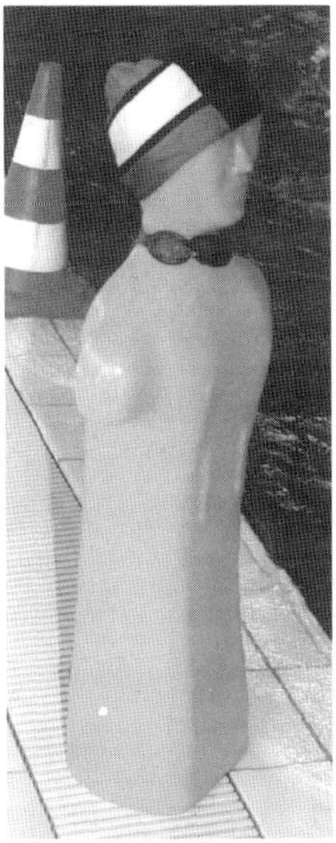

- **I. Abschnitt:**
  Anschwimmen im Wettkampftempo ➞ Vororientierung ➞ Anschlag ➞ Drehung ➞ Abstoß ➞ Kurze Gleitphase ➞ Kraftvoller TZ unter Wasser ➞ Beginn der Gesamtbewegung mit Auftauchen des Kopfes, mit hohem Tempo fortsetzen bis zur festgelegten Markierung ➞ [Stop], Informationshinweise vom ÜL/T/L.
- **II. Abschnitt:**
  Lockerschwimmen bis zur folgenden festgelegten Markierung ➞ [Stop].

☞ **Auf gute Körperstreckung achten!**
☞ **Auf Kopf- und Armsteuerung achten!**
☞ **Gleichmäßige Ausatmung unter Wasser!**

◊ *Sichtbare Markierungshilfen zur Organisation der Trainingsaufgabe ...!*

B: Kombination Start – Wende

Übungsdauer: ±15 Minuten.

A.-Wdh./ Streckenumfang: 3-6 x 100 bis 200 m (richtet sich nach der Anforderung und der Gruppenstärke.

Intensität: I. + III. Abschnitt der Technikanforderung in **maximaler Schnelligkeit (Sprint)** mit einer

Belastungsdauer: ± 10", bzw. ± 15 m im I. Abschnitt und 6 bis 10 m vor/nach der Wende der Technikanforderung im III. Abschnitt.

Aktive Pause: 1 bis 3 Minuten entspanntes, lockeres Pausenschwimmen im II. + IV. Abschnitt in Schwimmkombination.

Idee: B-Gleitübungen mit gleichmäßig langen Armzügen und kraftvollem Beinschlag mit relativ langer Gleitphase.

Beachte: **Das Wende-Techniktraining in der Mitte der Bahn und nicht im „Rechtsverkehr“ üben!**

● Empfehlung zur Organisation

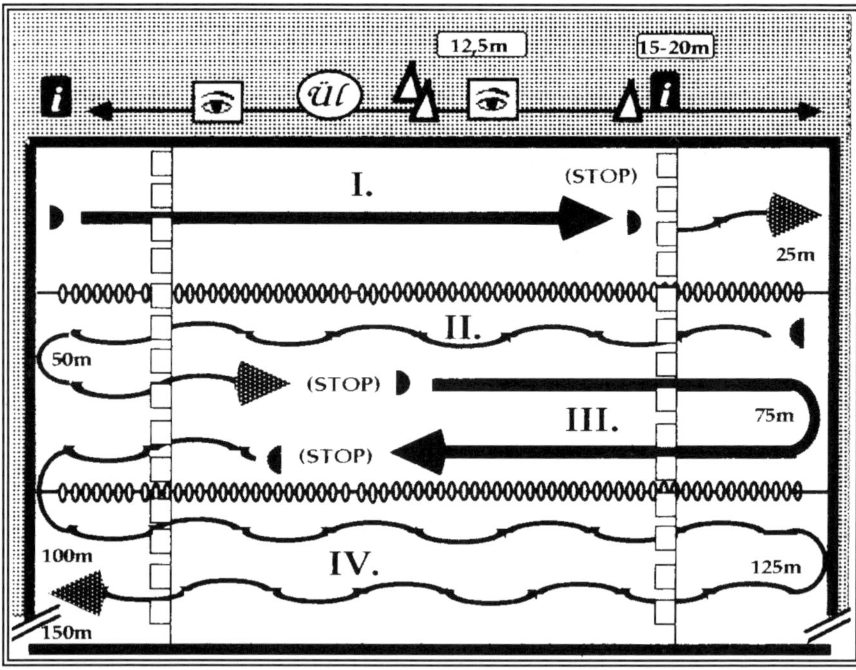

● **I. Abschnitt:**
Aus der Ausgangsstellung → Kraftvoller Absprung auf Kommando → Flugphase → Gleitphase → Kraftvoller TZ unter Wasser → Beginn der Gesamtbewegung mit Auftauchen des Kopfes, mit hohem Tempo fortsetzen bis zur festgelegten Markierung → [Stop], Informationshinweise vom ÜL/T/L.

● **II. Abschnitt:**
Lockerschwimmen bis zur folgenden festgelegten Markierung → [Stop].

● **III. Abschnitt:**
Anschwimmen im Wettkampftempo → Vororientierung → Anschlag → Drehung → Abstoß → Kurze Gleitphase → Kraftvoller TZ unter Wasser → Beginn der Gesamtbewegung mit Auftauchen des Kopfes, mit hohem Tempo fortsetzen bis zur festgelegten Markierung → [Stop], Informationshinweise vom ÜL/T/L.

● **IV. Abschnitt:**
Lockerschwimmen bis zur folgenden festgelegten Markierung → [Stop].

!

Hinweise zum technikorientierten Lerntraining nur auf eine Bewegungsaufgabe beschränken.

„Kann ich auch so weit gleiten mit meinem Tauchzug?"

Tips zur Wettkampfvorbereitung

● Kombination: Starts – Wenden – Anschlag

- Selbständige, gründliche ± 15 minütige **Erwärmungsgymnastik** vor dem Einschwimmen.
- Standard-**Einschwimmprogramm**, dem Alters- und Leistungsbereich entsprechend mit abschließendem
- **Schnelligkeits-Technikprogramm.**

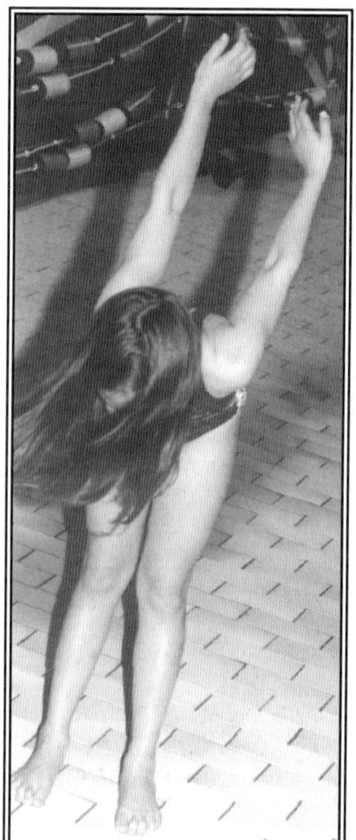

Übungsdauer:
20-30 Minuten (einschließlich dem Einschwimmprogramm).

A.-Wdh. / Streckenumfang:
2 bis 3 x 100 bis 150 m Brustschwimmen und B-Gleitübungen.

Intensität:
I. + III. + V. Abschnitt der Technikanforderung in **maximaler Schnelligkeit** mit einer
Belastungsdauer:
± 10", bzw. 8 -15 m Streckenlänge der jeweiligen Schnelligkeits-Technikanforderung.
II. + IV. Abschnitt relativ **langsam in Schwimmkombination**.

Idee:
B-Gleiten mit gleichmäßiger, langer Ausatmung.

! **Die erforderlichen Technikhinweise sollten positiv orientiert zur motivationalen Unterstützung gegeben werden.**

● Empfehlung zur Organisation

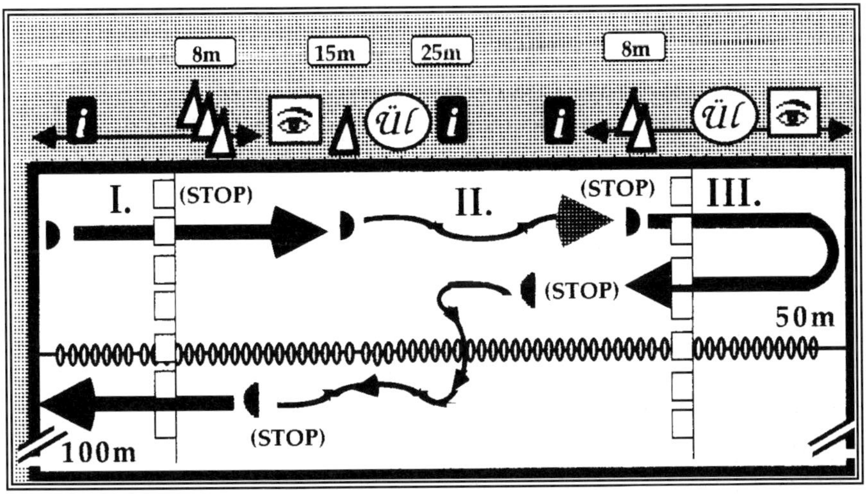

- **I. Abschnitt:**
  Aus der Ausgangsstellung ➞ Kraftvoller Absprung auf Kommando ➞ Flugphase ➞ Gleitphase ➞ Tauchzug (8 bis 12 m) ➞ Gesamtbewegung, mit hohem Tempo fortsetzen bis zur festgelegten Markierung (ca. 15 m) ➞ [Stop], Informationshinweise vom ÜL/T/L.
- **II. Abschnitt:**
  Lockerschwimmen bis zur folgenden festgelegten Markierung ➞ [Stop], (eine) Technikanweisung für den folgenden Wendenabschnitt.
- **III. Abschnitt:**
  Auf Kommando die Wendenwand im hohen Tempo anschwimmen ➞ Wende ➞ Übergang zur Schwimmbewegung bis zur festgelegten Markierung (ca. 10 m) ➞ [Stop], (kurzgefaßte) Informationshinweise.
- **IV. Abschnitt:**
  Lockerschwimmen bis zur folgenden festgelegten Markierung (ca. 10 m vor Wand) ➞ [Stop], Kommando vom ÜL/T/L.
- **V. Abschnitt:**
  Anschwimmen zum Anschlag in hohem Tempo ➞ Vororientierung (Flaggenbegrenzung) ohne Abbremsen oder Tempoverlust schnellkräftig an die Wand anschlagen ➞ Bassin verlassen bzw. Wand freihalten für die folgenden Sportler!

! **Individuell auf die Sportlerpersönlichkeit bezogene Hinweise geben!**

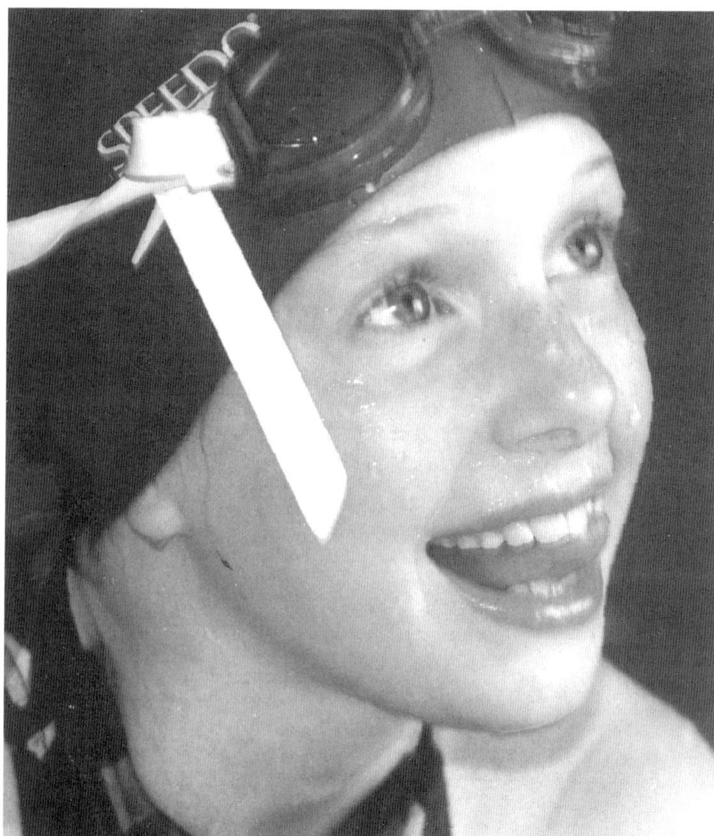

„Deine Technik- und
Schwimmleistung war heute spitze!“

2.5

Lagenwende

Rückenschwimmen – Brustschwimmen

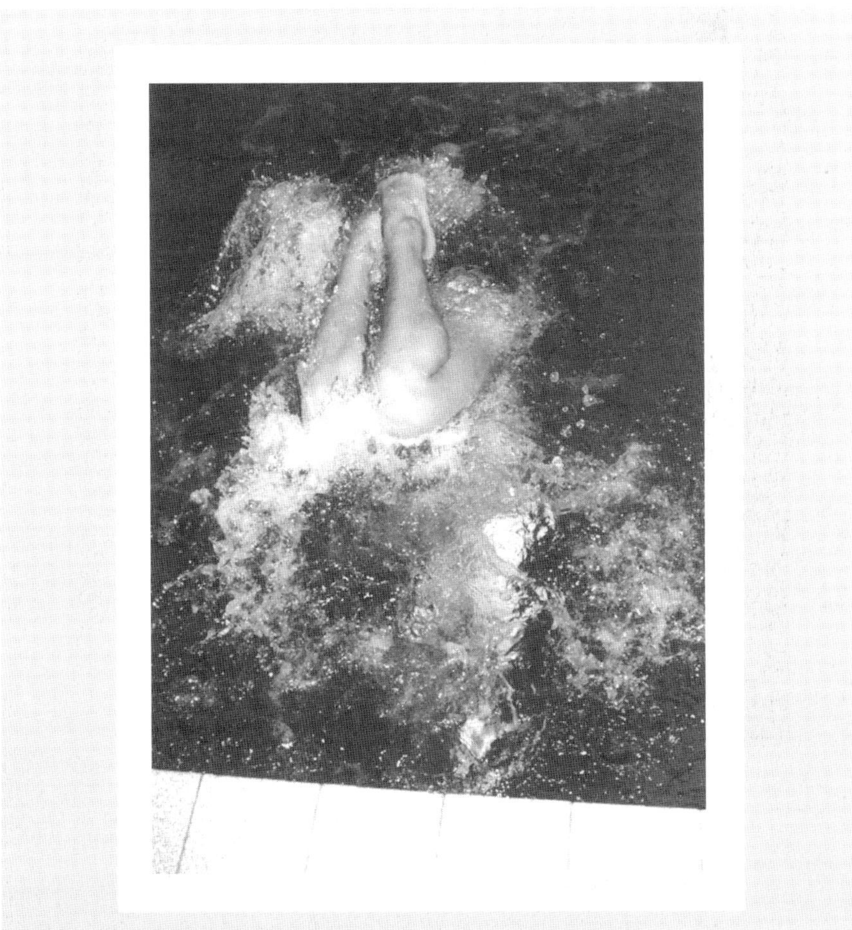

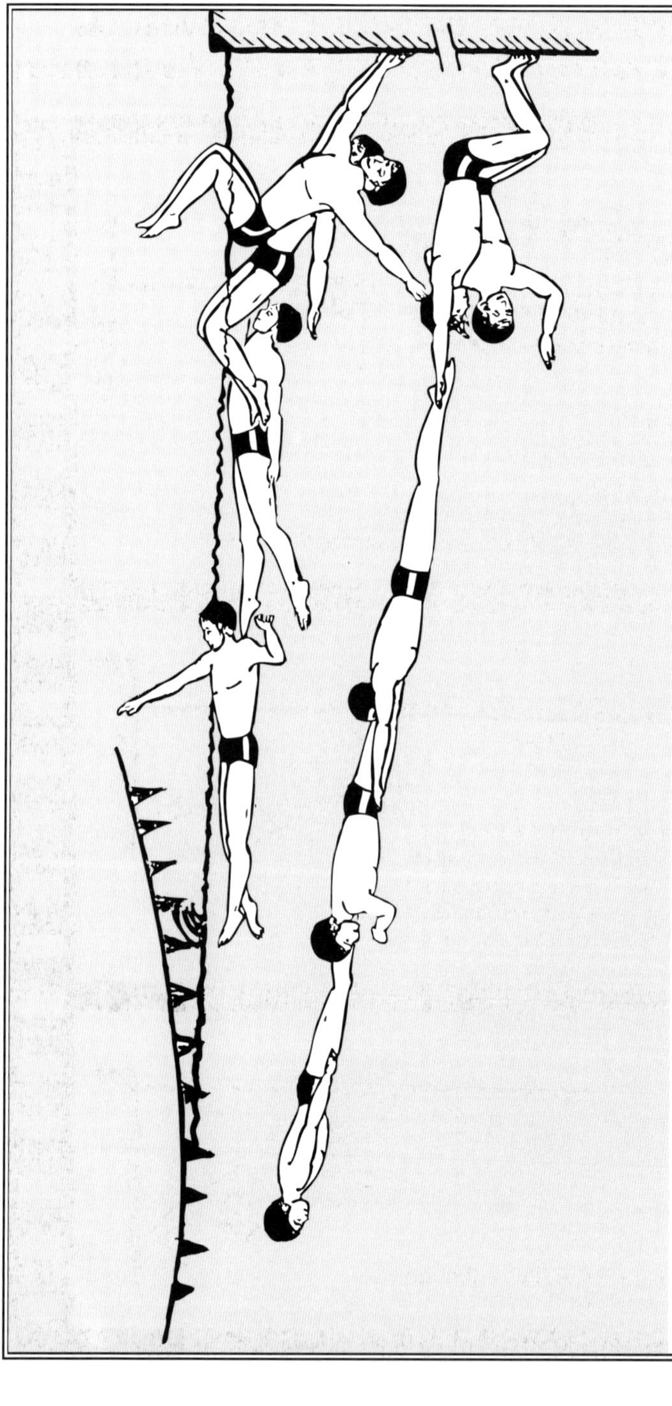

Aufgabenstellung:
Richtungsumkehr und Schwimmartwechsel an der Wendenwand mit einer Wendengeschwindigkeit, die größer als die Schwimmgeschwindigkeit sein muß.

A: Technikschwerpunkte Lagenwende Rückenschwimmen – Brustschwimmen

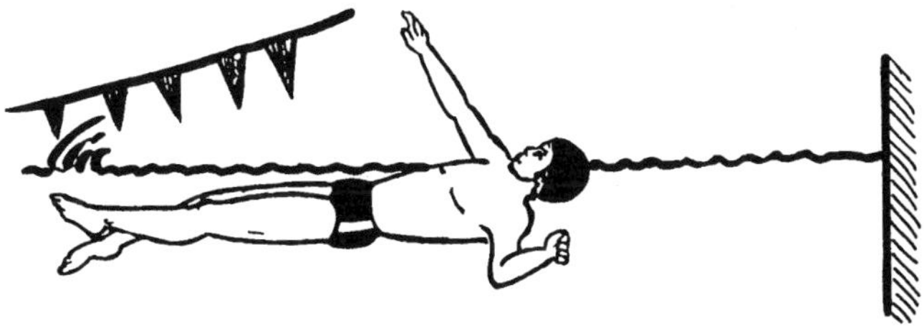

Anschwimmen

- Vororientierung an den Markierungsfähnchen ohne Rhythmusstörungen des Bewegungsablaufes.
- Anschwimmen mit voller Geschwindigkeit.
- Einatmung während der letzten Armbewegung vor der Wende.

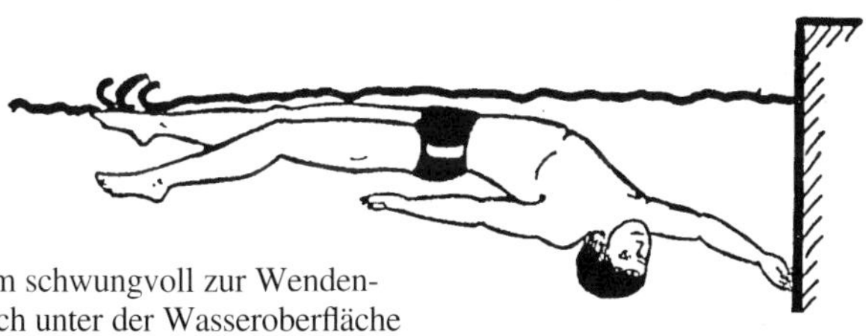

Anschlag

- Anschlagarm schwungvoll zur Wendenwand deutlich unter der Wasseroberfläche eintauchen, Hand und Finger zeigen nach unten.
- Gleichzeitig aktiver Druck des Kopfes nach hinten unten, so daß sich der Körper in Bogenspannung befindet.

- Explosives Anhocken der Beine über den Kopf schwungvoll zur Wand.

Drehung

- Kräftiger Abdruck der Anschlaghand von der Wand zur Unterstützung der Drehung.

Abstoß

- Sichere Abstoßstellung beider Füße unter Wasser an der Wand (etwa 40-50 cm tief) in annähernder Brustlage des Körpers.

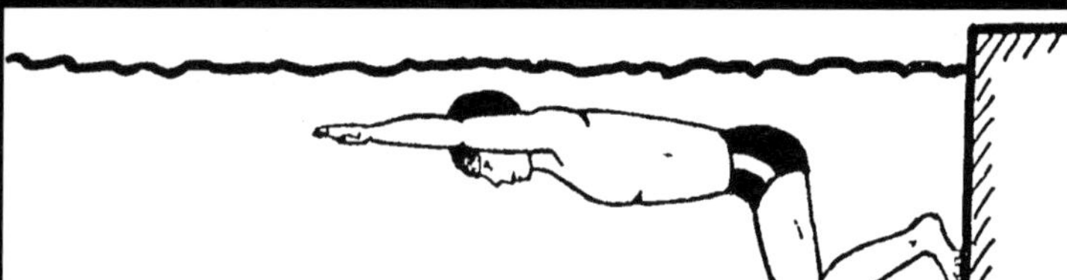

- Abstoß unter Wasser in Bauchlage mit gestreckten und geschlossenen Armen, Kopf zwischen den Armen.

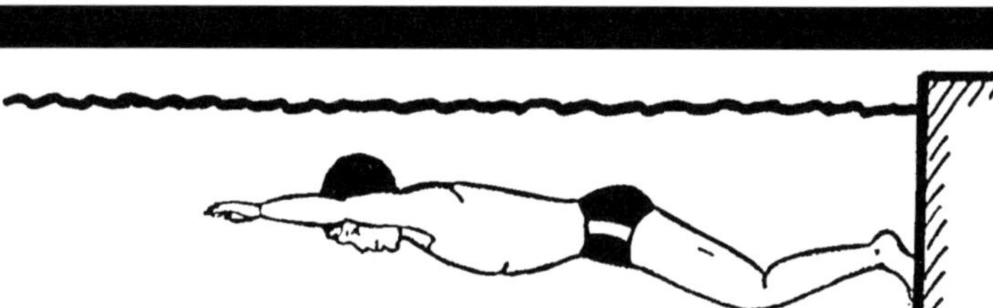

- Kraftvoller Abstoß mit explosiver Körperstreckung.

Hinweis:

Vergleiche den Abschnitt und Bildreihe – Wende Brustschwimmen vom Abstoß bis zur Schwimmbewegung.

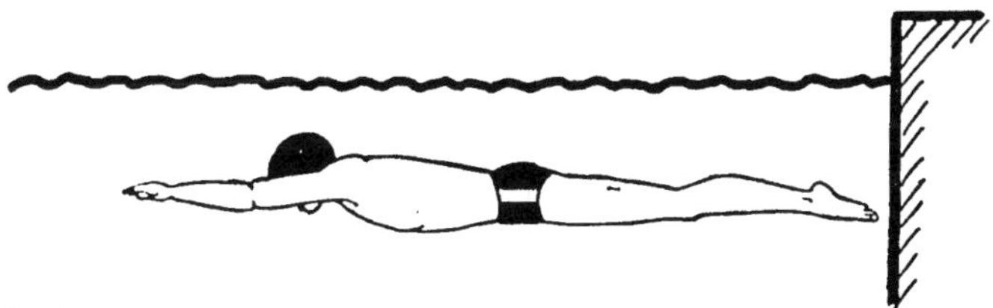

Gleitphase

- Gleiten unter Wasser bei vollständiger Körperstrecklage, der Kopf ist zwischen den Armen.

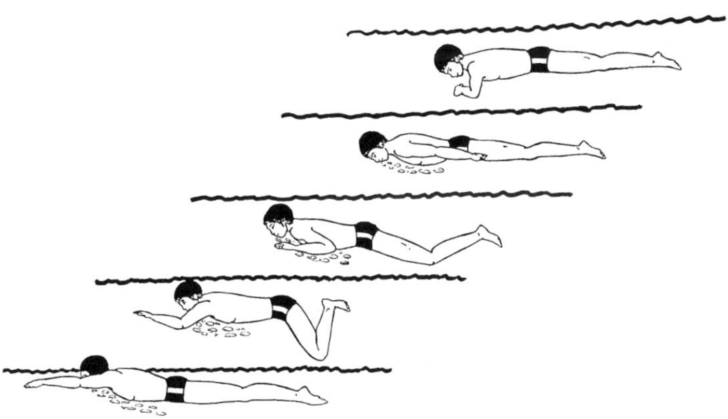

Übergang Schwimmbewegung

- Nach dem Gleiten erfolgt ein kraftvoller Brusttauchzug unter Wasser mit vollständiger Ausatmung.
- Beginn des Brustschwimmens, wenn der Kopf sich über der Wasseroberfläche befindet.

B: Grundanforderungen – Lagenwende Rückenschwimmen – Brustschwimmen

Für die Erfassung der Güte „Bewegungsausführung" der Lagenwende Rücken-/Brustschwimmen sind die folgenden ausgewählten Bewegungsmerkmale zu beachten:

Grundanforderungen – Lagenwende Rücken-/Brustschwimmen	
Bewegungsmerkmal	Punkte
1. Anschwimmen	
Vororientierung und Anschwimmen mit voller Geschwindigkeit. • Anschwimmen ohne Abbremsen oder Angleiten!	*1*
2. Anschlag und Drehung	
Anschlag mit einer Hand; deutlich unter der Wasseroberfläche zum Anschlag an der Wand „hinunterschwimmen". • Einnehmen der „Bogenspannung" des Körpers!	*1*
Explosives Schwingen der Beine über Wasser zur Wendenwand! • **Sicherer Halt der Füße an der Wendenwand!**	*1*
3. Übergang Schwimmbewegung	
Schnellkräftiger Abstoß unter Wasser und horizontal bis zur völligen Körperstreckung. • Kopf ist zwischen den Armen!	*1*
Nach der Gleitphase bei völliger Körperstreckung schnellkräftiger Einsatz des Tauchzuges. • Vollständige Ausatmung unter Wasser.	*1*
Maximum der Punktbewertung	***5***

(vgl.: DSSV 1985, S. 16c)

! ***Die Beobachtungsergebnisse können mit Hilfe der Punktbewertung registriert und gruppenspezifische sowie individuelle, technikspezifische Mängel besser analysiert werden.***

Tips zur gedanklichen Technikorientierung

● Anschwimmen und Anschlag

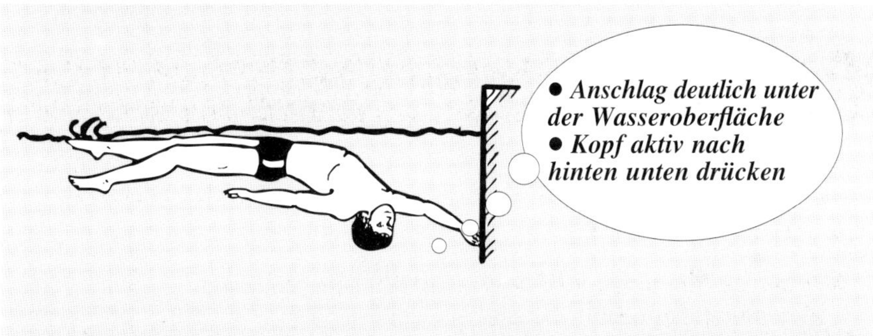

● Drehung

● Abstoß und Übergang in die Schwimmbewegung

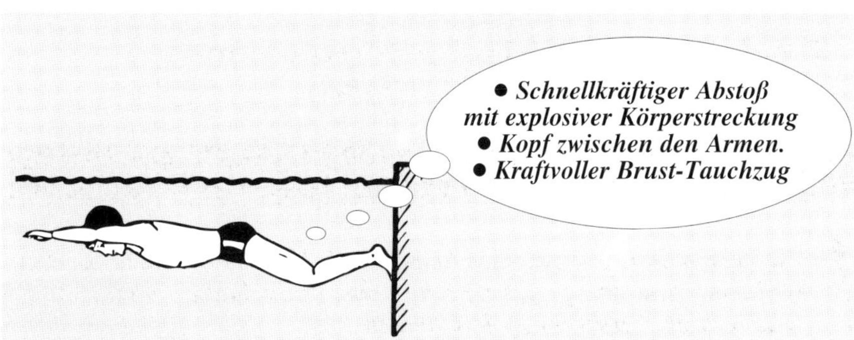

C: Lernabfolge – Lagenwende Rückenschwimmen – Brustschwimmen

In der folgenden Übersicht werden für die Wende Lagenschwimmen: vom Rücken- zum Brustschwimmen Hinweise für die inhaltliche Gestaltung der einzelnen Lernschritte angeboten.

Beachte:
Die numerierte Lernabfolge ist beizubehalten!

➤ Die Reihung der **Teilanforderungen** kann der gruppentypischen Situation angepaßt und variiert werden.

☞ **Zahlreiche Tips** für den Trainer sollen die Trainingspraxis unterstützen. Für das zielgerichtete Lerntraining können zur weiteren Qualifizierung der Schwimmtechnik spezielle Übungsformen im ● Wasser- bzw. ❍ Landtraining angewendet und durch den Trainer weiterentwickelt werden.

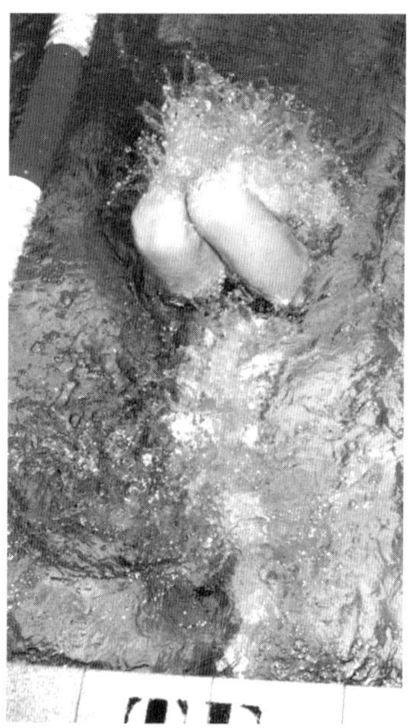

Lernabfolge mit Fixierung der Technikmerkmale
Lagenwende Rücken- zum Brustschwimmmen

Technikmerkmal

Spezielle Übungen beim ● Wasser- ❍ Landtraining
☞ Tips für den Trainer

Anschwimmen und Vorbereitung des Anschlags

1.

➤ **Anschwimmen mit Vororientierung.**

● Ca. 12 m vor der Wand schnell anschwimmen mit Zählen der Züge bis zum Anschlag.

Sichtbare Orientierungspunkte geben zur Unterstützung des Lernprozesses.

● Schnelles Anschwimmen und ab den Begrenzungsfähnchen (5 m) die Züge zählen bis zum Anschlag.
A.-Wdh. = 4 bis 8 x mit 12 m max. Tempo in R, anschließend aus dem Abstoß bis ± 35 m mit B-Gleitübungen zur Ausgangsstellung zurück.

☞ **Anschwimmtempo muß Wettkampftempo entsprechen!**

➤ **Anschwimmen – Vorbereiten des Anschlages.**

● 12 m vor der Wand schnelles Anschwimmen ➟ Anschlag mit der Hand unter Wasser und gleichzeitig den Kopf aktiv nach hinten unten drücken.

Idee **Spielerische Übungsformen wie Rolle r.w. aus dem gestreckten Arm mit betontem, aktiven Kopfeinsatz!**

● 8 bis 12 m Anschwimmen ➟ Anschlag ➟ Kopfsteuerung und „Bogenspannung" des Körpers [**STOP**].
A.-Wdh. = 3 bis 6 x 12-15 m max. Tempo in R, [**STOP**], nach dem Abstoß Tauchzug und ± 35 m mit B-Gleitübungen zur Ausgangsstellung zurück.

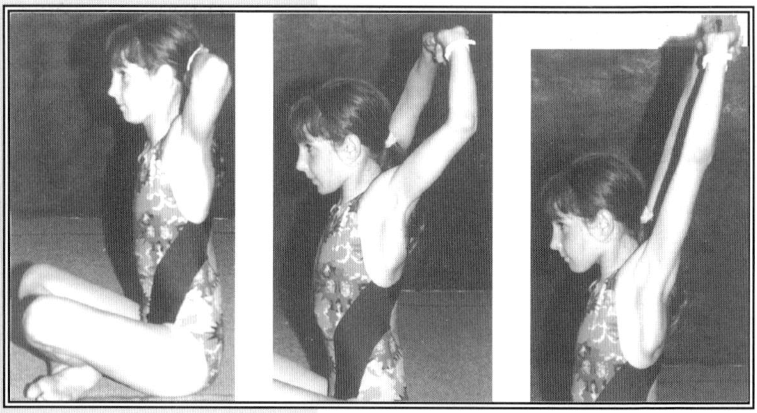

- *Verbesserung der* ***Schulterbeweglichkeit.***
- ***Kräftigung und Dehnung*** *der Schultermuskulatur.*

Anschlag – Drehung – Abstoß

2.

Beachte: **Dieser Technikausschnitt der Drehung aus der Rückenlage in die Bauchlage ist der wichtigste, aber gleichzeitig auch der schwierigste Teil in der Ausführung.**
Ein richtig gezieltes, methodisches Vorgehen bis ins kleinste technische Detail ist ein Erfolgsgarant für einen hohen Zeitgewinn bei der Ausführung (Rentabilität) dieser Wendetechnik.

➤ **Anschlag in Verbindung mit Schwingen der Beine über Wasser.**

- 8 bis 12 m (Anschwimmen im Wettkampftempo) ➞ Anschlag mit Kopfsteuerung und explosives Schwingen der Beine über Wasser zur Wand (**STOP**). **A.-Wdh.** = 2 bis 4 x mit 12-15 m max. Tempo in R (**STOP**), nach dem Abstoß in BL Tauchzug und ± 35 m mit B-Gleitübungen zur Ausgangsstellung zurück.

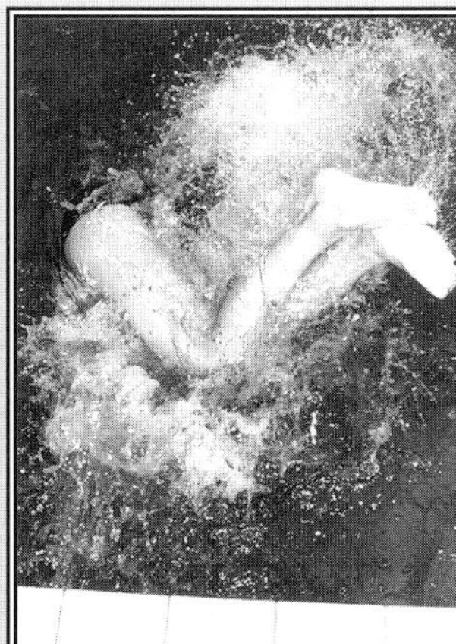

Explosives Schwingen der Beine über Wasser zur Wand

- 8 bis 12 m schnelles Anschwimmen ➟ Anschlag mit Kopfsteuerung ➟ Explosives Schwingen der Beine über Wasser zur Wand ➟ Sicherer Abstoßstellung der Beine an der Wand ➟ Kräftiger Abdruck der Anschlaghand von der Wand zur Unterstützung des explosiven Schwingens der Beine.
  A.-Wdh. = 2 bis 4 x mit 12 m max. Tempo in R, nach dem Abstoß in BL, anschließend den Tauchzug und 50 m mit B-Gleitübungen.

❍ *Übungen zur Kräftigung der* ***Bauchmuskulatur.***

- Rückenschwimmen ➟ Auf Kommando (deutlich hörbarer Pfiff) aus der Rückenlage ➟ Freiwasserrolle rw. und in die Schwimmrichtung zurück ➟ Aus dem TZ unter Wasser in die B-Gesamtbewegung bis zum nächsten Kommando (**STOP**) ➟ Drehung in die RL ➟ Rückenschwimmen bis zum nächsten Kommando ➟ Freiwasserrolle rw. usw.
  A.-Wdh. = 100-300 m „am laufenden Band“ schwimmen.

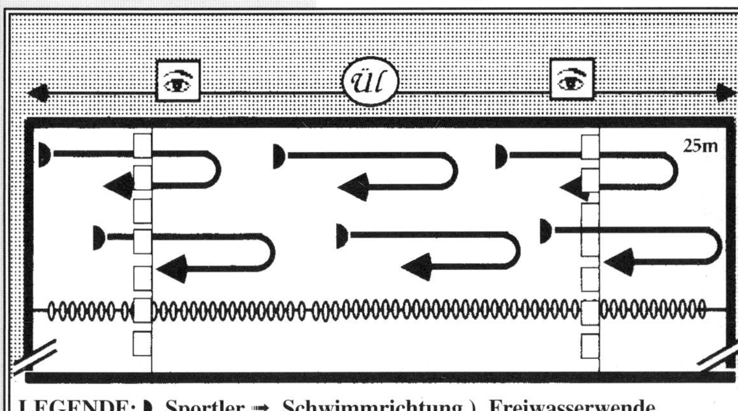

LEGENDE: ◗ Sportler ➟ Schwimmrichtung) Freiwasserwende

Achtung: **Diese spielerische Trainingsform erfordert Konzentration, Reaktionsschnelligkeit und Disziplin.**

Abstoß – Übergang in die Schwimmbewegung

3.

➤ **Aus der Drehbewegung in den Abstoß.**

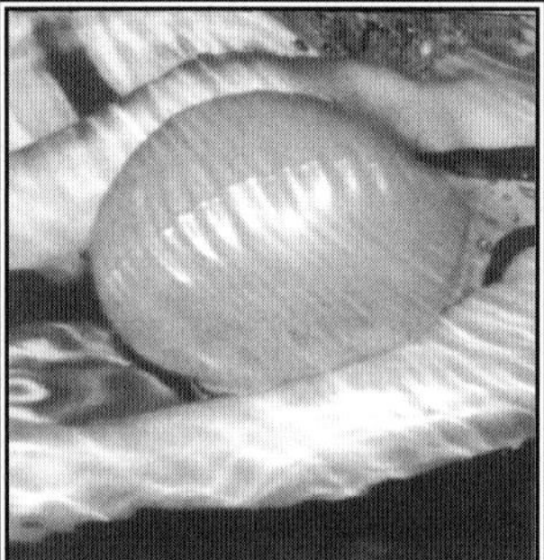

Kopf liegt zwischen den gut gestreckten Armen.

- 5 bis 8 m vor der Wendenwand in RB mit langgstrecktem Arm anschwimmen ➞ Anschlag ➞ Schnellkräftige Drehung ➞ Kraftvoller Abstoß mit explosiver Körperstreckung in waagerechter Bauchlage des Oberkörpers unter der Wasseroberfläche ➞ Kopf ist zwischen den langgestreckten Armen ➞ Bis ca. 8 m unter der Wasseroberfläche in guter Strecklage ausgleiten lassen.
  A.-Wdh. = 2 bis 4 x mit 5 m max. Tempo in RB, nach dem Abstoß in BL ausgleiten, anschließend ± 40 m SK oder B-Gleitübungen zur Ausgangsstellung zurück.

Wettbewerb:

Kraftvoller Abstoß mit waagerechter Lage des Oberkörpers unter der Wasseroberfläche ➞ Explosive Körperstreckung ➞ Kopf ist zwischen den langgestreckten Armen ➞ Bis ca. 8 m im unter der Wasseroberfläche in guter Strecklage ausgleiten lassen. Gemessen wird die Weite des Gleitens.
„Wer kann am besten gleiten?“

- O.g. Übung aus dem Abstoß ➞ Explosiver Abstoß ➞ Gleiten ➞ Kraftvollen TZ und ausgleiten lassen.

„Wer kann mit einem TZ am weitesten gleiten?“

☞ **Körperstreckung und -spannung!**

❍ *Übungen zur Entwicklung und Verbesserung der **Sprungkraft.***

Idee:

Spielerische Übungsformen zur Schulung des Abstoßes, Gleitens und der Orientierungsfähigkeit:

Spielerische Übungen im Wasser und an Land zur Schulung koordinativer Voraussetzungen. Rolle vorwärts in Kombination mit Rolle rückwärts, Rolle seitwärts u.v.m.

- Kraftvoller Abstoß mit waagerechter Lage des Oberkörpers unter der Wasseroberfläche ➞ Explosive Körperstreckung ➞ Kopf ist zwischen den langgestreckten Armen ➞ **Nach, unter und durch Geräte.**
  A.-Wdh. = 1 bis 2 x 10-15 m, anschließend B-Gleitübungen bis 25 m.

☞ **Auf gute Armstreckung achten!**

- Kraftvoller Abstoß mit ➞ Explosiver Körperstreckung ➞ Auf den Bassingrund abgleiten bei gleichmäßiger Ausatmung (maximal 2,5 m Tiefe) ➞ Bei anschließendem Auftauchen mit einem Tauchzug.
  A.-Wdh. = 2 bis 4 x 25 m.

☞ **Gleichmäßige und vollständige Ausatmung!**

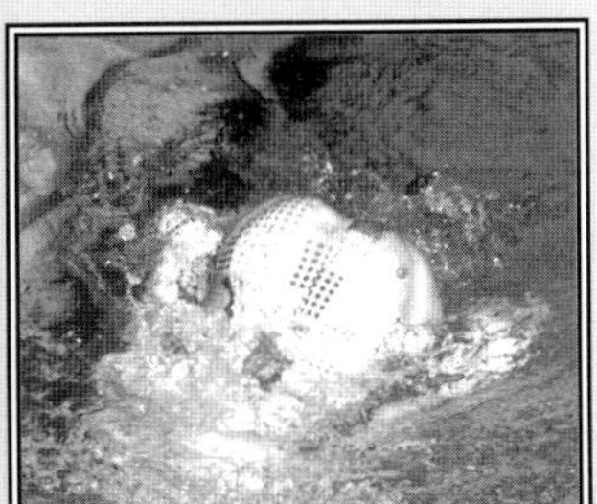

❍ *Übungen zur Verbesserung der koordinativen Voraussetzungen wie die der **Kopplungs- und Orientierungsfähigkeit.***

➤ **Abstoß Gleiten.**

- Kraftvoller Abstoß mit ➞ Explosiver Körperstreckung ➞ In die Rückenlage drehen ➞ Gleiten ➞ In die Brustlage drehen usw. ➞ Bis etwa 8 m.

  A.-Wdh. = 4 bis 8 x bis 12,5 m und anschließendem B-Gleiten bis 25 m.

Idee:
Spielerische Übungsformen zur Schulung des Abstoßes, Gleitens und der gleichmäßigen Ausatmung unter Wasser:

➤ **Gleichmäßige Ausatmung beim Übergang in die Schwimmbewegung.**

- Abstoß ➞ Explosive Körperstreckung ➞ **Auf den Bassingrund abgleiten** bei gleichmäßiger Ausatmung (maximal 2,5 m Tiefe) ➞ Bei anschließendem Auftauchen mit einem Tauchzug.
  A.-Wdh. = 1 bis 2 x.

☞ **Gleichmäßige und vollständige Ausatmung!**

➤ **Abstoß - Gleiten - Ausatmung.**

- 5 m schnelles Anschwimmen in R ➞ Explosive Drehung ➞ Kraftvoller Abstoß in BL ➞ Kurze Gleitphase ➞ Intensive TZ unter Wasser bis ca. 12,5 m bei gleichmäßiger, vollständiger Ausatmung ausgleiten lassen.

☞ **Arm- und Körperstreckung!**

➤ **Kopf- und Armsteuerung beim Übergang in die Schwimmbewegung.**

- 5 bis 8 m Anschwimmen in der Rückenlage ➞ Drehung ➞ Kraftvoller Abstoß ➞ Kurze Gleitphase bei völliger Körperstreckung ➞ Kräftiger TZ ➞ Mit den Händen und dem Kopf allmählich den Körper zur Wasseroberfläche lenken bei gut gestreckter Körperlage.
  A.-Wdh. = 4 bis 8 x bis 12,5 m mit anschließender B-Gesamtbewegung bis 25 m zur Ausgangsstellung zurück [STOP].

☞ **Kopf bleibt zwischen den Armen!**

Beachte: **Hände und Kopf lenken den gut gestreckten Körper zur Wasseroberfläche!**

TZ mit intensivem Krafteinsatz bei gleichmäßiger Ausatmung!

➤ **Übergang in die Schwimmbewegung aus dem vollständigen Bewegungsablauf.**

- Ca. 8 m Anschwimmen ➟ Drehung ➟ Abstoß ➟ Kurzes Gleiten ➟ Kraftvolle TZ bei gleichmäßiger Ausatmung ➟ Auftauchen ➟ 3-6 schnellkräftige Züge in B-Gesamtbewegung.

  A.-Wdh. = 4 bis 6 x bis 15-20 m, anschließend B-Schwimmkombination zur Ausgangsstellung vor der Wendenwand [STOP].

☞ **Fließende Übergänge zwischen den einzelnen Lern-Teilschritten!**

Wettbewerb:

- 8 m vor der Wand im Wettkampftempo anschwimmen ➟ Wende ➟ Kurzes Gleiten ➟ TZ ➟ B-Gesamtbewegung bis 12,5 m.
  A.-Wdh. = 3 bis 5 x.

☞ **Gemessen wird die Zeit mit „Kopfdurchlauf“.**
„Wer ist der schnellste und technisch perfekte Wendenschwimmer vom Rücken- zum Brustschwimmen?“

!

Beachte:

Jedes Wendentraining muß mit hoher Konzentration, Bewußtheit sowie mit anzustrebender Perfektion der einzelnen Phasen geübt werden!

Tips zum Lern-Techniktraining

A: Standard-Lagenwende

1. Lernschritt:

- **I. Abschnitt**
  → *12,5 - 15 m Anschwimmen und Drehung, (STOP), Trainerhinweise.*
- **II. Abschnitt**
  → *Abstoß* → *Gleiten* → *BTZ* → *B-Gleiten bis 50 m zur Ausgangsposition zurück.*
  A.-Wdh. = *4 bis 8 x bzw. 4-8 x 50 m.*

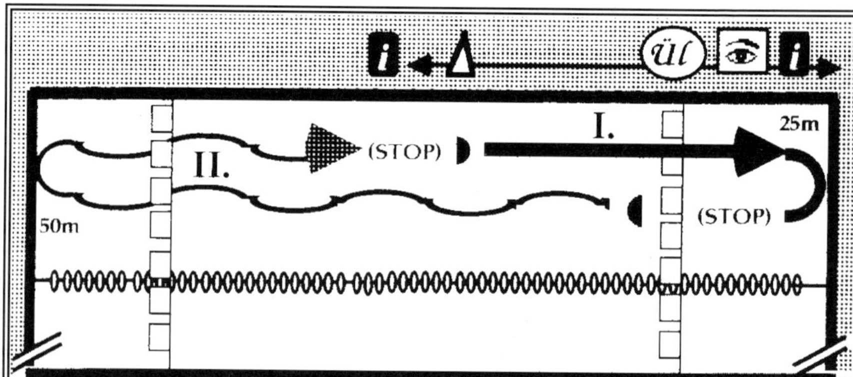

LEGENDE: ◗ Sportler ➧ Schwimmrichtung) Drehung und Stop

2. Lernschritt:

- **I. Abschnitt:**
  12,5 m Anschwimmen → *Drehung* → *Abstoß* → *Gleiten* → *(STOP), Trainerhinweise.*
- **II. Abschnitt:**
  B-Gleiten bis 50 m zur Ausgangsposition zurück
  A.-Wdh. = *4 bis 8 x bzw. 4-8 x 50*

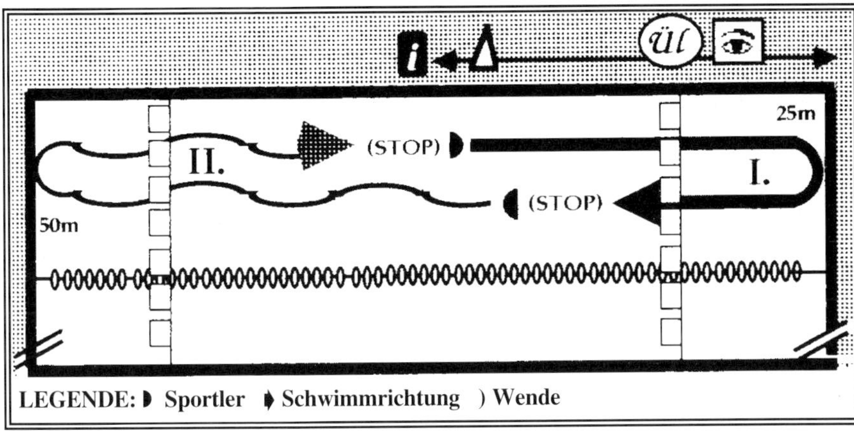

3. Lernschritt:

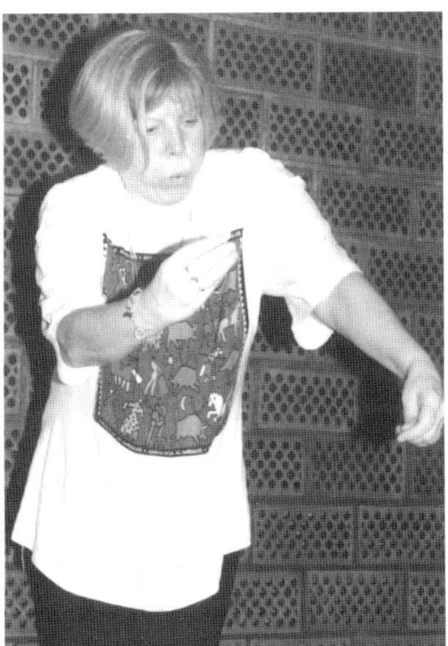

Übungswiederholung zur Stabilisierung des Abstoßes mit BTZ und Übergang in die Schwimmbewegung.

Zeichensprache: „Gleichmäßig und lang ausatmen beim Tauchzug."

- **I. Abschnitt:**
  Schnellkräftiger Abstoß ➟ Körperspannung und -streckung ➟ Betont kraftvoller BTZ ➟ Auftauchen und Fortsetzung 3 kraftvoller B-Gesamtbewegungen bis ca. 12,5 m, (STOP), Trainerhinweise.

- **II. Abschnitt:**
  B-Gleiten bis 25 m.
  A.-Wdh. = ***6 bis 12 x bzw. 6-12 x 25 m.***

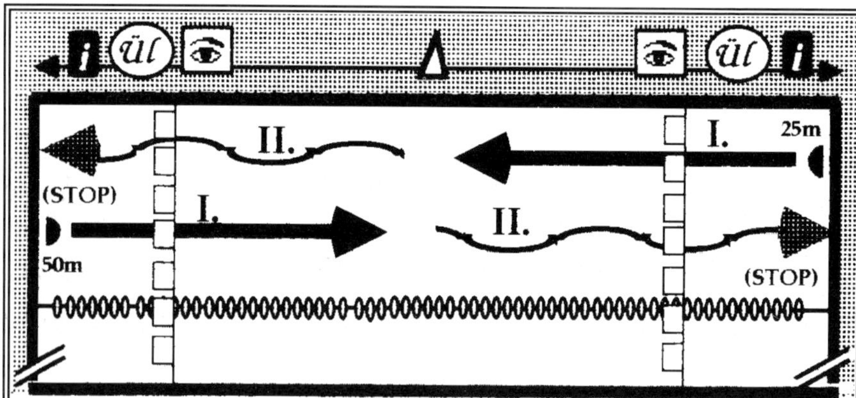

LEGENDE: ◗ Sportler ➧ Schwimmrichtung

4. Lernschritt:

- **I. Abschnitt:**
  12,5 m Anschwimmen → Drehung → Abstoß → Gleiten → BTZ → Auftauchen → 3 kraftvolle B-Gesamtbewegungen bis ca. 12,5 m, (STOP), Trainerhinweise.
- **II. Abschnitt:**
  B-Gleiten ± 35 m zur Ausgangsposition zurück.
  A.-Wdh. = *3 bis 6 x bzw. 3-6 x 50 m*

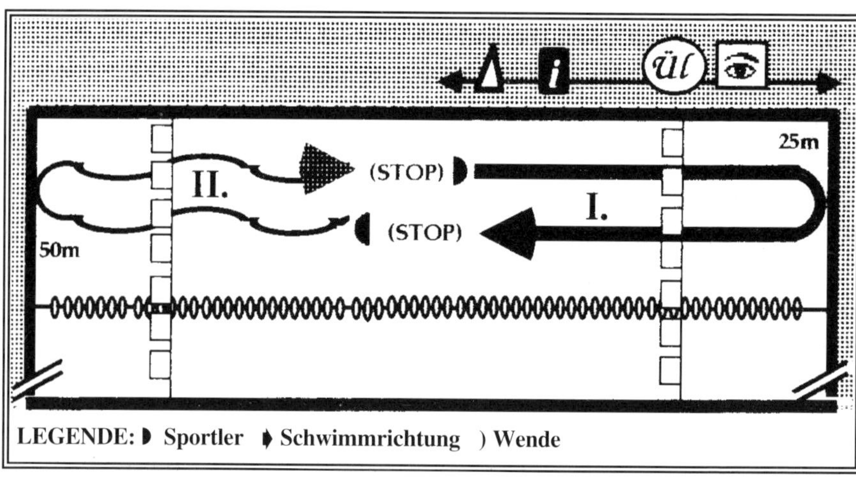

LEGENDE: ◗ Sportler ➧ Schwimmrichtung) Wende

! Jeder Lernschritt muß mit hoher Konzentration, Bewußtheit sowie mit anzustrebender Perfektion der einzelnen Phasen geübt werden!

Tips zur Wettkampfvorbereitung

● Kombination: – Start (Schmetterling)
– Lagenwende (S/R+R/B+BK)
– Anschlag (Kraul)

- Selbständige, gründliche ± 15 minütige **Erwärmungsgymnastik** vor dem Einschwimmen.
- Standard **Einschwimmprogramm**, dem Alters- und Leistungsbereich entsprechend mit abschließendem
- **Schnelligkeits-Technikprogramm.**

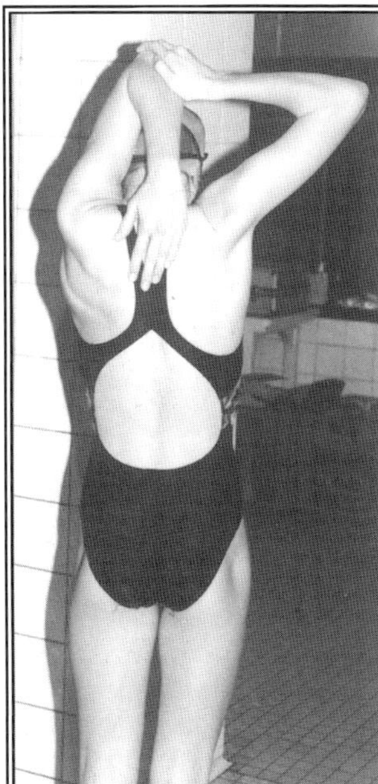

Erwärmungsgymnastik und Dehnungsübungen sind ein wesentlicher Bestandteil der direkten Wettkampfvorbereitung.

Übungsdauer:
20-30 Minuten (einschließlich dem Einschwimmprogramm).

A.-Wdh. / Streckenumfang:
2 bis 4 x 100 m Lagenschwimmen und B-Gleitübungen.

Intensität:
I. + III. + V. Abschnitt der Technikanforderung in maximaler Schnelligkeit mit einer **Belastungsdauer:** je ± 10", bzw. 12,5-15 m Streckenlänge.
II. + IV. Abschnitt relativ langsam in Schwimmkombination.

Idee: B-Gleiten mit gleichmäßiger, langer Ausatmung.

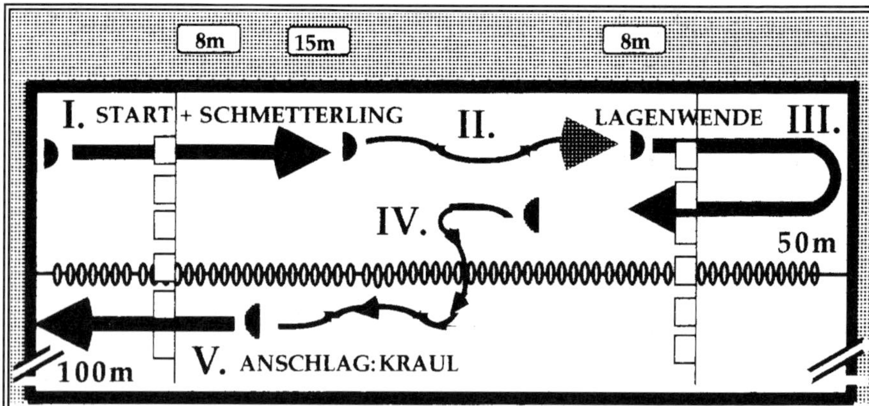

LEGENDE:
i Informationsgebung durch den Übungsleiter am Beginn und Ende des Technikabschnittes
0000 Schwimmleine /// Begrenzungsfähnchen (5 m vor der Wand) ▶ Schwimmrichtung
≈▶ Lockerschwimmen

• Erste 100- bis 150 m- Serie:

I. Abschnitt:
Start mit Übergang zum Schmetterlingsschwimmen.
Absprung auf Kommando ➞ Schnellkräftige DB unter Wasser ➞ Beginn der Gesamtbewegung mit Auftauchen des Kopfes, mit hohem Tempo D-Gesamtbewegung fortsetzen bis zur festgelegten Markierung ➞ [Stop], Informationshinweise vom ÜL/T/L.

II. Abschnitt:
Lockerschwimmen.
In Schwimmkombination bis zur folgenden festgelegten Markierung ➞ [Stop].

III. Abschnitt:
Lagenwende Schmetterlings- zum Rückenschwimmen
Anschwimmen zum Anschlag ➞ Drehung in die Rückenlage ➞ Abstoß unter Wasser ➞ Schnellkräftige RB unter Wasser ➞ Übergang in die R-Gesamtbewegung bis zur folgenden festgelegten Markierung ➞ [Stop].

IV. Abschnitt:
Lockerschwimmen.
In Schwimmkombination bis zur folgenden festgelegten Markierung ➞ [Stop].

V. Abschnitt:
Anschlag mit Kraulschwimmen.
Anschwimmen zum Anschlag in hohem Tempo ➟ Vororientierung (Flaggenbegrenzung) ohne Abbremsen oder Tempoverlust schnell-kräftig an die Wand anschlagen ➟ [Stop], Informationshinweise vom ÜL/T/L.

• Zweite und dritte 100- bis 150 m- Serie:

I. Abschnitt: Start mit Übergang zum Schmetterlingsschwimmen.
II. Abschnitt: Lockerschwimmen.
III. Abschnitt: Lagenwende Rücken- zum Brustschwimmen
IV. Abschnitt: Lockerschwimmen.
V. Abschnitt: Anschlag mit Kraulschwimmen.

• Vierte 100- bis 150 m- Serie:

I. Abschnitt: Start mit Übergang zum Schmetterlingsschwimmen.
II. Abschnitt: Lockerschwimmen.
III. Abschnitt: Lagenwende Brust- zum Kraulschwimmen
IV. Abschnitt: Lockerschwimmen.
V. Abschnitt: Anschlag mit Kraulschwimmen.

Beachte:

Bassin verlassen bzw. Wand freihalten für die folgenden Sportler.

Die erforderlichen Technikhinweise sollten positiv orientiert zur motivationalen Unterstützung gegeben werden.

Hinweise zum technikorientierten Einschwimmen nur auf eine Bewegungsaufgabe beschränken!

Individuelle Technikhinweise geben.

!

Das Start- und Anschlag-Einschwimm-Techniktraining in der Mitte der Bahn und nicht im „Rechtsverkehr“ üben.

2.6 Testformular – Schwimmtechnik

Testformular - Schwimmtechnik

Name: Vorname: Gruppe: Datum:

A: Brustschwimmen

Bewegungsmerkmal	Punkte
1. Beinbewegung	
• Explosives Anziehen der Füße in Richtung Gesäß.	☐
• Schnellkräftiger Abdruckbewegung der Füße nach außen hinten bis zur völligen Streckung bei relativ schmaler Kniehaltung.	☐
2. Armbewegung	
• Aus der völligen Streckung erfolgt ein schnellkräftiger Armzug nach außen und hinten.	☐
• Abdruckbewegung von Hand und Unterarm mit deutlicher „Ellenbogen-vorn-Haltung“!	☐
3. Gesamtbewegung	
• Zweckmäßige Koordination der Arm-/Beinbewegung einschließlich der effektiven Atemtechnik.	☐
Maximale Punktzahl = 5 ☑	**Summe:**

B: Start mit Tauchzug

Bewegungsmerkmal	Punkte
1. Startstellung	
• Sicherer Stand auf dem Startblock, mit nach vorn geneigtem Oberkörper, mit Blick auf die Eintauchstelle.	☐
2. Absprung	
• Schnellkräftiger Absprung mit schwungvoller Armbewegung nach vorn und explosives Strecken von Knie- und Hüftgelenk.	☐
• Vollständige Körperstreckung mit dem Kopf zwischen den Armen vom Absprung bis zum Eintauchen.	☐
3. Übergang Schwimmbewegung	
• Nach kurzer Gleitphase bei völliger Körperstreckung erst schnellkräftiger Einsatz des Brusttauchzuges.	☐
• Gleichmäßige Ausatmung unter Wasser.	☐
Maximale Punktzahl = 5 ☑	**Summe:**

C: Wende – Brustschwimmen

Bewegungsmerkmal	Punkte
1. Anschwimmen	
• Vororientierung und Anschwimmen mit voller Geschwindigkeit.	☐
2. Drehung	
• Anschlag mit beiden Händen gleichzeitig und konsequente Beachtung der Kopfsteuerung beim Anschlag und der Drehung.	☐
• Aufrichten des Oberkörpers mit gleichzeitiger aktiver Drehung in die neue Schwimmrichtung.	☐
3. Abstoß	
• Schnellkräftiger Abstoß unter Wasser und horizontal bis zur völligen Körperstreckung mit dem Kopf zwischen den Armen.	☐
4. Übergang Schwimmbewegung	
• Nach der Gleitphase bei völliger Körperstreckung schnellkräftiger Einsatz des Tauchzuges bei vollständige Ausatmung unter Wasser.	☐
Maximale Punktzahl = 5 ☑	**Summe:**

Erläuterungen zu den verwendeten Abkürzungen

AK	Altersklassen
Arme	Armbewegung
A.-WdH.	Anzahl der Wiederholungen
BA	Brustschwimmen, Armbewegung
Beine	Beinbewegung
BL	Brustlage
BSK	Brustschwimmkombination
DB	Delphinbewegung
FQ	Frequenz, bezogen auf die Anzahl der Armzüge bzw. Beinschläge beim Schwimmen
GA	Grundlagenausdauer
Ges.h	Gesamtstundenumfang
h	Stunde
Hf	Herzfrequenz
K	Kraulschwimmen
KA	Kraulschwimmen, Armbewegung
KB	Kraulschwimmen, Beinbewegung
km	Kilometer
KSK	Kraulschwimmkombination
L	Lehrer
LA	Landtraining
LA	Lagenschwimmen
La/h	Landtrainingsstunde
LASK	Lagenschwimmkombination
L/D/B	Lockerung/Dehnung/ Beweglichkeit
LWS	Lendenwirbelsäule
m	Meter
m/s	Meter pro Sekunde
MP	Mindestpunktzahl
Pb	Pullbuoy
R	Rückenschwimmen
RA	Rückenschwimmen, Armbewegung
R-Abschlag	Rückenschwimmen mit Handabschlag
RB	Rückenschwimmen, Beinbewegung
RGL	Rückengleichlage
RL	Rückenlage
RSK	Rückenschwimmkombination
rw.	rückwärts
s	Sekunde
S	Schmetterlingsschwimmen
S	Schnelligkeit
SA	Schmetterlingsschwimmen, Armbewegung
SF	Schwimmflossen
SK	Schwimmkombination
SL	Seitenlage
STP	Schwimmtrainingsprogramme
sw.	seitwärts
T	Trainer
TA	Trainingsabschnitt
TAM	Training mit allgemeinen Mitteln
TE	Trainingseinheit
TSL	Teilstreckenlänge
TSM	Training mit speziellen Mitteln
TZ	Tauchzug
ÜL	Übungsleiter
vw.	vorwärts
WA	Wassertraining
Wa/h	Wassertrainingsstunde
WK	Wettkampf

Literaturverzeichnis

Bucher, W: (Gesamtredaktion)
1015 Spiel- und Kombinationsformen in vielen Sportarten
Verlag Karl Hofmann, Schorndorf 1989

Brunner/Knebel/Wirth:
Das Konditionstraining des Schwimmers, Teil 1 – Trockentraining
Verlag Bartels und Wernitz 1976

Counsilman, J. E.:
Handbuch des Sportschwimmens für Trainer, Lehrer und Athleten
Schwimmsport-Verlag Fahnemann 1980

Danckert, D./Dietze, J.:
Zur Vervollkommnung des Trainingsprozesses im Sportschwimmen bei Kindern im Alter von 8 bis 10 Jahren
Dissertation zur Promotion A, DHfK Leipzig 1973

Döbler, E. u. H.:
Kleine Spiele
Volk und Wissen, Berlin 1983

Döbler, H./Schnabel, G./Thieß, G.:
Grundbegriffe der Sportspiele
Sportverlag Berlin, 1988

DTSB der DDR/DHfK Leipzig:
Sport frei, junger Schwimmer
unveröffentl. Manuskript der Forschungsgruppe der 1. Förderstufe,
Leitung: J. PIRL

DSSV der DDR:
Trainingsprogramme der 1. Förderstufe Sportschwimmen 1981-1985
Trainingskommission GLT. Gesamtleitung: PIRL, J.
unveröffentl. Arbeitsmaterial für die Trainer der 1. Förderstufe 1981

DSSV der DDR:
Trainingsprogramme der 1. Förderstufe Sportschwimmen 1985-1989
Trainingskommission GLT. Gesamtleitung: PIRL, J.
unveröffentl. Arbeitsmaterial für die Trainer der 1. Förderstufe 1985

DSSV der DDR:
Trainingsprogramme der 1. Förderstufe Sportschwimmen 1989-1993
Trainingskommission GLT. Gesamtleitung: PIRL, J.
unveröffentl. Arbeitsmaterial für die Trainer der 1. Förderstufe 1989

DSSV der DDR:
Methodisches Handmaterial Sportschwimmen
Leitung: Prof. Dr. Helga Pfeifer
DSSV der DDR, WZ Sportschwimmen, Leipzig 1985

DSSV der DDR/Verbandstrainer GLT Pirl, J:
unveröffentl. Arbeitsunterlagen zur Auswertung der 1. Förderstufe Schwimmen

DSSV der DDR:
Kriterien und Normen für die Überprüfung der TZ-Trainingsjahre und der Auswahl für die Kinder- und Jugendsportschulen 1986-1990
Berlin, Verbandstrainer: Pirl, J.1985

DSSV der DDR:
Kriterien und Normen für die Überprüfung der TZ-Trainingsjahre und der Auswahl für die Kinder- und Jugendsportschulen 1990-94
Berlin, Verbandstrainer: Pirl, J.1990

Eich, H.J.:
Anregungen zur Ausbildung im Anfängerbereich – Hinführung zum Schwimmer
DSV e.V. Mainz, Band 4, 1991

Fahnemann, M.:
Schwimmtechnik in Bild und Text
Ottdruck Großhilde, Bockenem 1.1977

Filin, V.D.:
Forschungsmethoden in der Körperkultur
Moskva, Fizkul't. i sport 1961

Freitag, W.:
Grundausbildung und Grundlagentraining im Schwimmen
Der Schwimmtrainer 12/1989. DSTV e.V. Solingen

Fröhner, G.:
Die Belastbarkeit als zentrale Größe im Nachwuchstraining
Philippka-Verlag 1993, Münster

Graumann, D./Lohmann, H.S./Pflesser, W.:
Schwimmen in Schule und Verein
Pohl-Druckerei und Verlagsanstalt, Celle 1980

Haase, J.:
Spiele im · am · unter Wasser
Sportverlag GmbH, Berlin 1991

Harre, D.: (Gesamtredaktion)
Trainingslehre
Sportverlag Berlin, 1985

Hirtz, P.:
Koordinative Fähigkeiten im Schulsport
Volk und Wissen, Volkseigener Verlag, Berlin 1985

Janssen, P.:
Ausdauertraining – Trainingssteuerung über die Herzfrequenz und Milchsäure-Bestimmung
Beiträge zur Sportmedizin, Band 34
Fachbuch Verlagsgesellschafl GmbH, Erlangen 1989

Joeres, U./Weichert, W.:
Schwimmen – Bewegen und Spielen im Wasser
Rowohlt Taschenbuch Verlag GmbH, Hamburg 1987

Krüger, A.:
Hat sich die Sportpädagogik aus dem Leistungssport verabschiedet?
Leistungssport 6/1991; Philippka-Verlag, Münster

Komar, I.:
Test/Testverfahren zur Überprüfung der Leistungsfähigkeit im Aufbautraining
Referat zur Tagung des DSTV, Karlsruhe, d. 15.2.92

Komar, I.:
Modifizierung des Grundlagentrainings im Sportschwimmen für die Weiterentwicklung des Kindertrainings in Vereinen am Beispiel von Schwimmgruppen in Belgien
Dissertation, Universität Leipzig 1993

Komar, I.:
Schwimmtechnik – Planmäßiger Aufbau beim Kinder- und Jugendtraining
Referat zur Tagung des DSTV, Warendorf, d. 28.10.95

Komar, I.:
Erstschwimmart Rücken–Kraulschwimmen
Fachbeiträge WSV, Duisburg 1996

Komar, I.:
Schwimmtechnik – Fehlererkennung und Fehlerkorrektur beim Kinder- und Jugendtraining
Referat zur Tagung des DSTV, Warendorf, d. 28.10.95

Leistungssport, Heft 5/1991:
Zeitschrift für die Fortbildung von Trainern, Übungsleitern und Sportlehrern
Philippka-Buchversand

Lewin, G.:
(Gesamtredaktion)
Schwimmsport
Sportverlag Berlin, 1982

Lehnert, A.:
(Gesamtredaktion)
Planung, Organisation und Untersuchungsmethoden der Leistungssportforschung
Beiträge aus dem Forschungsinstitut für Körperkultur und Sport, Leipzig 1979

Martin, D/Carl, K./Lehnertz, K.:
Handbuch Trainingslehre
Schorndorf 1991

Matthes, L.:
Gymnastikprogramme der AK 8-10
(Erwärmung/Beweglichkeit/Lockerung/Dehnung)
unveröffentl. Arbeitsmaterial für Schwimmtrainer, Leipzig 1977

Neumann, G.:
Leistungsstruktur in den Ausdauersportarten aus sportmedizinischer Sicht
Leistungssport 3/90; Philippka-Verlag, Münster

Pfeifer, H.:
Zyklisierung und Akzentuierung zur Erzielung von Belastungsfähigkeit für geplante Zeitpunkte im Sportschwimmen
Theorie und Praxis Leistungssport 25, 1987, Heft 3

Pfeifer, H.:
Schwimmen
Sportverlag GmbH, Berlin 1991

Rehn, H.:
Schulung koordinativer Fähigkeiten im Nachwuchsbereich des Sportschwimmens nutzlos oder sinnvoll? – Eine Betrachtung aus technischer Sicht der Sportschwimmarten Brust und Schmetterling –
DSV e.V. Mainz, Band 4/1991

Reiss, M./Pfeifer, H.:
Leistungsreserven im Ausdauertraining
Theorie und Praxis Leistungssport, Berlin 1991

Reischle, K.:
Besser Schwimmen
Sportinform Verlag GmbH, Franz Wöllzenmüller, Oberhaching 1988

Renner, W./Dietze, J./Müller, Ch.:
Schwimmen – Anleitung für den Übungsleiter
Sportverlag Berlin,1987

Rodionow, A.W./u.a.:
Psychologie in Training und Wettkampf
Sportverlag Berlin,1982

Saziorski, W.M.:
Biomechanische Grundlagen der Ausdauer
Sportverlag Berlin,1986

Schnabel, G./Jähnig, W.:
Technik der Sportschwimmarten, der Starts und Wenden
unveröffentl. Arbeitsmaterial DHfK, Leipzig 1979

Schnabel, G.:
Leistungsstruktur, Trainingsstruktur und ihr Zusammenhang
Medizin und Sport 21, 1981

Schramm, E.: (Gesamtredaktion)
Sportschwimmen – Hochschullehrbuch
Sportverlag, Berlin 1987

Seibert, W.:
Gezieltes Krafttraining: Bessere Leistungen in allen Sportarten
Verlag GmbH Franz Wöllzenmüller, Oberhachingen 1985

Scholich, M.:
Kreistraining
Sportverlag Berlin,1988

Stichert, K.H.:
Ausarbeitung eines Lehrmaterials für die Hand des Kindes zur Unterstützung des Trainingsprozesses im Sportschwimmen
unveröffentl. Diplomarbeit, Leipzig 1966

Stiehler, G.: (Gesamtredaktion)
Methodik des Sportunterrichts
Volk und Wissen, Volkseigener Verlag, Berlin 1966

Thiess, G./Schnabel, G./Baumann, R.:
Training von A bis Z
Sportverlag, Berlin 1980

Thiess, G./Schnabel G.:
Grundbegriffe des Trainings
Sportverlag, Berlin 1985

Sporttitel von Meyer & Meyer

Adventure Sports

Haas - Mountainbiking
Haetzel - The Big Race across America
Hottenrott - In-line-Skating
Knoller - Paragliding
Köppern - Bungee-Springen
Krohn - Beach Volleyball
Schädle-Schardt - Klettern

Athleten und Trainer

Castella - Laufen – mein Leben
Coe - Running Free
Galloway - Richtig laufen mit Galloway
Hinault - Eine Radsportkarriere
Lydiard - Laufen mit Lydiard
Lydiard - Running to the Top
Martin/Coe - Mittel- und Langstreckentraining
Sleamaker - Systematisches Leistungstraining
Sonntag - Mehr als Marathon 1
Sonntag - Mehr als Marathon 2
Waitz - Grete Waitz – Worldclass

Badminton

Lemke/Meseck - Badmintontraining
Lemke/Meseck - Handbuch für Badminton

Ballspiele

Dietrich - Die großen Spiele
Glorius/Leue Ballspiele 1
Glorius/Leue Ballspiele 2

Baseball

DBV, Regelheft Softball
Niedlich - Handbuch Baseball
Schmeilzl/Church - Baseballtraining
Voss - Regelheft Baseball

Basketball

Mikes - Handbuch Basketball
Neumann - Basketballtraining
Niedlich - Streetballtraining

Behinderte machen Sport

Rheker - Spiel und Sport für alle
Scheid - Chancen der Integration durch Sport
Kolb - Spiele für den Herz- und Alterssport
Dahlmanns - Periphere, arterielle Verschlußkrankheiten
Köppe - Multiple Sklerose
Kapustin - Sport als Erlebnis und Begegnung

Bewegungserziehung

Bischops/Gerards - Tips für Sportspiele
Bischops/Gerards - Tips für neue Wettkampfspiele
Bischops/Gerards - Tips für Sport in der Lebensmitte
Bischops/Gerards - Tips für Gesundheit durch Sport
Bischops/Gerards - Tips fürs Aufwärmen im Sport
Bischops/Gerards - Tips für Kinderfußball
Blume - Akrobatik mit Kindern
Diem - Auf die ersten Lebensjahre kommt es an
Dietrich - Die Großen Spiele
Dombrowski - Leichtathletik mit Grundschulkindern
Kapustin - Familie und Sport
Kapustin - Schule und Sportverein
Kapustin - Sport für Erwachsene mit geistiger Behinderung
Rheker - Spiel und Sport für alle
Stein - Kleinkinderturnen ganz groß
Zimmer - Bewegung, Sport und Spiel mit Kindern
Zimmer - Kinder brauchen Bewegung
Zimmer - Sport und Spiel im Kindergarten

Sporttitel von Meyer & Meyer

Handball
Grage - Handballtraining

Hockey
Marx/Wagner - Hockeytraining

Klettern
Schädle-Schardt - Handbuch Bergwandern
Schädle-Schardt - Adventure Sports Klettern

Langlauf
Jung - Schweizer Waffenläufe
Kleine (Hrsg.) - Langlauf in der Kritik
Sonntag - Mehr als Marathon Bd. 1
Sonntag - Mehr als Marathon Bd. 2
Thiemer - Langlauf ist unser Leben

Laufsport
van Aaken - Das van Aaken Lauflehrbuch
van Aaken - Das Laufbuch der Frau
Bös - Handbuch Walking
v.d. Laage - Jetzt kommen die Chinesen
Diem - Tips für Laufanfänger
Kuhlmann - Das LaufLESEbuch
Lüchtenberg - Laufen in Schule, Verein und Freizeit
Lydiard - Jogging mit Lydiard
Lydiard - Running to the Top
Petracic - Optimiertes Laufen
von Schablowsky - Hilfe – mein Mann läuft
von Schablowsky - Zur Strecke gebracht

Leistungstraining
Edwards - Leitfaden zur Trainingskontrolle
Geese/Hillebrecht - Schnelligkeitstraining
Neumann - Alles unter Kontrolle
Pampus - Schnellkrafttraining
Radcliffe/Farentinos - Sprungkrafttraining

Radsport
Bischops/Gerards - Kinderradfahren
Brüggenj./Kürschner - Handb. Mountain-Biking
Haas - Adventure Sports Mountainbiking
Heßler - Radsport in Schule und Verein
Schmidt - Handbuch Radsport

Rudern
Fritsch - Handbuch Rudersport
Fritsch - Handbuch Rennrudern

Schwimmen
Gambril/Bay - Handbuch Schwimmsport
Komar - Schwimmtraining für Kinder, Band 1-3
Komar - Schwimmtechnik im Kindertraining, Band 4-7

Segeln
Haass - Handbuch Segelsport

Sport im Dialog
Baumann/Haimerl (Hrsg.) - Schulsport - wozu?
Baumann/Leye - Bewegung und Sport mit älteren Menschen: wie, was, warum?

Squash
Meseck - Handbuch Squash

Tanzsport
Rosenberg - Handbuch für Jazzdance
Rosenberg - Handbuch für Rock'n'Roll
Rosenberg - Handbuch für Gymnastik und Tanz
Wessel-Therhorn - Jazzdancetraining

Taping
Kennedy - Taping im Sport·

Tauchsport

Lüchtenberg - Tauchsporttraining

Tischtennis

Fellke/Östh - Nr. 1 im Tischtennis
Groß - Tips fürs Tischtennis

Tennis

Steinhöfel - Leistungstennis: Neue Trainingsformen

Triathlon

Aschwer - Handbuch Triathlon
Aschwer - Mein Abenteuer – Hawaii-Triathlon
Aschwer - Triathlontraining

Videofilme

Immer in Bewegung
Ein Spielfest für Kinder
Bewegung, Spiel und Sport mit Kindern, 1
Bewegung, Spiel und Sport mit Kindern, 2
Erzieher- und Übungsleiterverhalten
Baseball
Beachvolleyball
Kings of the Beach' 95
In-Line-Skating
Mountainbiking
Neue Wege im Skilanglauf
Telegolf 1 + 2

Volleyball

Fraser - Volleyball
Hergenhahn/Neisel - Volleyball
Hömberg - Handbuch Beach-Volleyball
Krohn - Adventure Sports Beach-Volleyball
Papageorgiou - Handbuch Volleyball
Papageorgiou - Handbuch Leistungsvolleyball

Wintersport

Hottenrott/Veith - Handbuch Skilanglauf

Wo Sport Spaß macht

Hausbei - Aerobic-Training
Pahmeier/Niederbäumer - Step-Aerobic

Zeitschriften

Betrifft Sport: Betrifft Sport ist eine Sammlung von Unterrichtshilfen, zusammengestellt von erfahrenen Sportpädagogen, Praktikern und Wissenschaftlern.

Deutsches Turnen: Deutsches Turnen ist die Verbandszeitschrift des Deutschen Turnerbundes (DTB). Sie befaßt sich mit den Inhalten der Verbandsarbeit des DTB und seiner Mitglieder und ist das „amtliche Organ" des DTB.

Homerun: Homerun ist das offizielle Mitteilungsorgn des Deutschen Baseball und Softball Verbandes e.V. Es ist das führende Baseball-Magazin im deutschsprachigen Raum.

Sozial- und Zeitgeschichte des Sports: Diese Zeitschrift leistet einen wichtigen Beitrag zur Belebung der wissenschaftlichen Diskussion sozial- und zeitgeschichtlicher Fragestellungen des Sports.

„ü": die anspruchsvolle, attraktive Fachzeitschrift des Deutschen Turnerbundes für engagierte Übungsleiter/-innen, Turner/-innen, Freizeit- und Breitensportler/-innen.

Meyer & Meyer
Der Sportverlag
Von-Coels-Straße 390 · D-52080 Aachen · Tel. 02 41/55 60 33-35 · Fax 02 41/55 82 81